U0097735

人生就像一首詩

林語堂◎著

本書收集大師25篇精彩的哲理小品，
筆調輕鬆幽默，很適合男女老少一起欣賞，
這是一部不能錯失的經典之作。

關於．林語堂

林語堂（一八九五年～一九七六年）中國現代作家、學者。福建龍溪（即漳州）人。用中文、英文寫過大量散文、小品和小說，還將許多中國古典作品譯成英文。因父親是基督教牧師，他從小學、中學到大學都接受教會學校教育。大學畢業後到清華大學任英文老師。一九一九年偕妻廖翠鳳赴美國留學，後又到德國。曾獲哈佛大學文學碩士，萊比錫大學語言博士學位。

一九二三～一九二六年任北京大學教授。在此期間參加文藝團體「語絲社」，寫過抨擊黑暗社會和北洋政府的文章，後編成《剪拂集》出版。一九二七年下半年到上海從事著述，並在中央研究院工作。

一九三二年創刊《論語》，提倡幽默。一九三四、一九三五年辦《人間世》、《宇宙風》雜誌，宣揚小品文要「語出性靈」、「常談瑣碎」。這些刊物在社會上有一定影響，但受到左翼作家的批評。魯汛就指出他提倡的幽默與閒適，常常「將屠戶的凶殘，使大家化為一笑」。

一九三六年移居紐約，從事著述。曾用英文出版《吾國與吾民》、《生活的藝術》、《中國與印度的哲學》等著作，在西方有相當影響。抗日戰爭期間，留居美國繼續著述。一九四七年在聯合國教科文組織工作，不久離職。

一九五八年由美回台灣講學。一九六六年曾為中央社特約專欄撰稿。同年六月自美返台灣定居。一九六七年任香港中文大學研究教授，主持辭典編譯工作，一九七二年完成《當代漢英辭典》。一九七五年任國際筆會副會長。一九七六年病逝於香港。

目錄 CONTENTS

目錄
CONTENTS

人生就像一首詩

我想，由生物學的觀點看起來，人生讀來幾乎像一首詩。它有其自己的韻律和拍子，也有其生長和腐壞的內在週期。

它的開始是天真爛漫的童年時期，接著便是粗拙的青春期，粗拙地企圖去適應成熟的社會，具有青年的熱情和愚憨、理想和野心。

後來達到一個活動很劇烈的成年時期，由經驗獲得利益，又由社會及人類天性上得到更多的經驗；到中年的時候，緊張才稍微減輕，性格圓熟了，像水果的成熟或好酒的醇熟那樣地圓熟了，對於人生漸漸抱了一種較寬容、較玩世，同時也較慈和的態度。

到了衰老的時候，內分泌腺減少它們的活動，如果我們對老年有著一種真正的哲學觀念，而照這種觀念去調整我們的生活方式，那麼，這個時期在我們的心目中便是和平、穩定、閒逸，和滿足的時期；最後，生命的火花閃滅了，一個人永遠長眠不再醒了。

我們應該能夠體驗出這種人生的韻律之美，應該能夠像欣賞大交響樂那樣欣賞人生的主要題旨，欣賞它的衝突的旋律，以及最後的決定。這些週期的動作在正常的人生上是大同小異的，可是音樂必須由個人自己去供給，在一些人的靈魂中，那個不調和的音符聲響太大了，弄得音樂不能再繼續演奏下去，於是那個人開槍自盡，或跳河自殺了。可是那是因為他缺少一種良好的自我教育，弄得原來的主旋律被掩蔽了。不然的話，正常的人生便會保持著一種嚴肅的動作和行列，朝著正常的目標而邁進。

在我們之中，有時斷音或激越之音太多，因為速度錯誤，所以音樂甚覺刺耳難聽；我們也許應該有一些恆河的偉大音律和雄壯的音波，慢慢地、永遠地向著大海流去。

沒有人會說一個有童年、壯年，和老年的人生不是一個美滿的辦法；一天有上午、中午、日落之分，一年有四季之分，這辦法是很好的。人生沒有所謂好壞之分，只有「什麼東西在哪一季節是好的」的問題。如果我們抱持這種人生觀，而循著季節去生活，那麼，除夜郎自大的呆子和無可救藥的理想主義者之外，沒有人會否認人生不能像一首詩那樣地度過去。

莎士比亞曾在關於「人生七階段」那段文章裏，把這個觀念更明瞭地表現出來，許多中國作家也曾說過同樣的話。莎士比亞永遠不曾變成很虔敬的人，也不曾對宗教表示很大的關懷，這是奇怪的。

我想這便是他偉大的地方；他在大體上把人生當作人生看，正如他不打擾他的戲劇的人物一樣，他也不打擾世間一切事物的一般配置和組織。

莎士比亞和大自然本身一樣，這是我們對一位作家或思想家最偉大的稱讚。他僅是活於世界上，觀察人生，而終於跑開了的人。

誰最會享受人生

一、發現自己：莊子

在現代生活中，哲學家差不多是世界上最受人尊崇，同時也最不受人注意的傢伙，如果這麼一個傢伙真的存在的話。「哲學家」已經僅僅變成一個社交上恭維人家的名詞了。任何一個莫名其妙、深奧不易了解的人，都被稱為「哲學家」。任何一個不關心目前狀況的人，也被稱為「哲學家」。然而，後者這種意義中卻含著相當的真理。

當莎士比亞在《如願》（As You Like It）一劇裏，使丑角達士東（Touch stone）說：「牧羊人，你也懂得一點哲學吧？」時，他是用後者這種意義的。而由這種意義說來，哲學不過是對事物或一般人生的一種普通而粗淺的觀念而已，這種觀念每一個人多少都有一些。一個人如果不願承認現實的全貌的表面價值，或如果不願知道報紙上所刊載的每一句話，他多少是一個哲學家。他是一個不願被欺騙的人。

哲學始終含著一種如夢初醒的意味。哲學家觀察人生，像藝術家觀察風景一樣——是隔著一層薄紗或一層煙霧的，生硬的現實的瑣事已經軟化了一些，使我們可以看出它的意義。至少中國藝術家或哲學家是這樣想的。

所以，哲學家是和那個徹底的現實主義者完全相反；徹底現實主義者為俗務所纏，碌碌終日，相信他的成功和失敗、贏利和損失，是絕對的、真實的。這麼一種人是沒有救藥的。因為他連一些懷疑的念頭也沒有，因為他根本是空洞無物的。孔子曰：「不曰如之何，如之何者，吾未如之何也已矣！」——在孔子少數的有意的諧語之中，這是我所發現的一句。

我打算在這一章中，介紹中國哲學對於生活的一些觀念。這些哲學家的意見越是參差，便越是一致——他們都認為人類必須有智慧和勇氣，才能夠過著幸福的生活。孟子那種比較積極的觀念和老子那種比較圓滑的和平觀念，調和起來而成為中庸的哲學，這種中庸的哲學可說是一般中國人的宗教。

動和靜的衝突結果產生了一種妥恰的見解，對於一個很不完美的地上、天堂感到滿足。這種觀念造成了一個智慧而愉快的人生哲學，終於在陶淵明——據我看來，他是中國最偉大的詩人與最和諧的性格——的生活上形成的一種典型。

一切中國的哲學家在不知不覺中認為唯一重要的問題是——我們要怎樣享受人生？誰最會享受人生？我們不追求十全十美的理想、我們不尋找那些得不到的東西。我們不要求知道那些不得而知的東西；我們只認識不完美的，會死的人類的本性。在這種觀念之下，我們要怎樣調整我們的人生，使我們可以和平地工作著、曠達地忍耐著、幸福地生活著呢？

我們是誰呢？這是第一個問題。這個問題幾乎是無法答覆的。可是我們都承認在我們日常活動中那麼忙碌的自我，並不完全是真正的自我。我們相信我們在生活的追求中已經失掉了一些東西。

當我們看見一個人在一片田野裏跑來跑去尋找東西時，智者可以弄出一個難題給一切旁觀者去解答：那個人失掉了什麼東西呢？有的猜一隻錶；有的猜一只鑽石胸針；其他的人則作其他的猜測。智者委實也不知道那個人在尋找什麼東西；可是當大家都猜不中的時候，他會對大家說：「我告訴你們吧，他失掉了一些氣息了。」（Lost some breath）（編按•即上氣不接下氣之意）沒有人會否認他的話是對的。

所以，我們在生活的追求中常常忘掉了真正的自我，像莊子在一個美妙的譬喻裏所講的那隻鳥那樣，為了要捕捉一隻螳螂而忘掉自身的危險，而那隻螳螂又為了要捕捉一隻蟬而忘掉自身的危險。

莊子是老子的得意門生，正如孟子是孔子的得意門生一樣，兩人的生存年月和他們的老師隔離差不多一百年。莊子和孟子同時，老子大約也和孔子同時。可是孟子和莊子一樣認為我們已經失掉了一些東西，哲學家的任務是去發現並取回已經失掉了的東西——據孟子的見解，這裏所失掉的便是「赤子之心」。

這位哲學家說：「大人者，不失其赤子之心者也。」孟子認為文明的人為的生活，對於人類天性的赤子之心的影響，有如山上的樹木被斧斤伐去一樣。

二、情智勇：孟子

一個熱誠的、優遊自在的、無恐懼的人，是最能夠享受人生的理想性格。孟子以「智、仁、勇」為他的「大人」的三種「成熟的美德」。我想把「仁」字改為「情」字，而視「情、智、勇」為大人物的特質。

我們在英文中幸虧找得到「passicn」這個字，其用法跟中文裏的「情」字差不多一樣。這兩個字開始都含著「情欲」這種狹意，可是都有更廣大的意義。張潮曰：「多情者必好色，而好色者未必盡屬多情。」又曰：「情之一字，所以維持世界，才之一字，所以粉飾乾坤。」因為如果我們沒有情，我們便沒有什麼東西可以做人生的出發點。

情是人生的靈魂、星辰的光輝、音樂和詩歌中的韻律、花中的歡樂、禽鳥的羽毛，女人的美艷、學問的生命。談到沒有情的靈魂，正如談到沒有表情的音樂一樣地不可能。這種東西給我們內心的溫暖和豐富的活力，使我們能夠快快樂樂地面對人生。

我把中國作家筆下的「情」字譯為「passion」，也許錯了。我應該用「sentiment」一字（代表一種較溫柔的情感、較無暴風雨般的熱情那種騷動性質）去譯它嗎？也許「情」這一字有早期浪漫主義者所謂「sensibility」的意義，是一個有溫情的、大量的、藝術化的人所具有的質素。

除愛默生（Emerson）、阿米爾（Amiel）、朱伯特（Joubert），和伏爾泰之外，西洋哲學家對於熱情很少說過一句好話，這是奇怪的事。也許我們僅是用詞不同而已，我們所指的是同樣的東西。

可是如果「熱情」（passion）和「情感」（sentiment）意義不同，而專指一種暴躁的騷亂的情感而言，則中國字裏便找不到一個字可以代表它，而我們只好依然用「情」這個字了。

這是種族脾性不同的表徵嗎？這是中國民族缺乏那種侵蝕靈魂，造成西洋文學中悲劇材料的偉大熱情的表徵嗎？這是中國文學中沒有產生希臘意義上的悲劇的原因嗎？這是中國悲劇角色在危急的時候飲泣吞聲，讓他們的情人給仇敵帶去，或如楚霸王那樣，先殺死情人，然後自刎的原因嗎？這種結局是不會使西洋的觀眾感到滿意的，可是中國人的生活是這樣的，中國文學自然也是這樣的了。

一個人和命運掙扎，放棄了鬥爭，在事過境遷之後，悲劇才在回憶、徒然的後悔，和渴望的洪流中產生出來。正如唐明皇的悲劇那樣，到他下令使他的愛妃自殺，以滿足叛軍的要求之後，便成天在夢境裏思念她。這種悲劇的情感是在那齣中國戲劇的故事結束之後，才在一個悲哀的巨流中表現出來的。

當唐明皇在流放生活中旅行的時候，在雨中聽見鈴聲隔山相應，因而做了那首〈雨霖鈴曲〉以紀念她；他所看見或捫觸到的東西、一縷餘香未散盡的小領巾，或她的一個老婢，都使他想起他的愛妃，在這戲劇結束的時候，他正在仙境和一些道士尋覓她的神魂。這裏便是一種浪漫的敏感性，如果我們不可以把這種情感當作熱情的話。這可說是一種圓熟的、溫和的熱情。

所以，中國哲學家有一種特點，就是他們雖貶視人類的「情欲」（即七情的意思），卻不貶視熱情或情感本身，反而使之成為正常人類生活的基礎，因此他們甚至於視「人倫以夫婦之情為本」。

「熱情」或「情感」這種東西是我們所固有的，正如我們不能選擇我們的父母一樣；我們天生有一種冷靜或熱烈的天性，這不幸是事實。在另一方面，沒有一個小孩是天生就有真正冷淡的心的；當我們漸漸失掉那種少年之心時，我們才漸漸失掉我們內在的熱度。

在我們成人生活的某一時期中，我們多情的天性是被一種不仁的環境所殺戮、抑制、挫折，或剝削，最大原因是由於我們不曾注意使這種天性繼續生長下去，或由於我們不曾完全擺脫了這種環境。

我們在獲取「世界經驗」的過程中，對於我們的天性，曾實行多次的摧殘，我們學會硬起心腸來、學會做虛偽矯飾的行為、學會做殘酷無情的人；這麼一來，當一個人誇說他得到了更多的塵世經驗時，他的神經也變得更不敏銳、更加麻木遲鈍——尤其是在政界和商界。

結果，世界產生了一個偉大的「進取者」（go-getter），把人家排擠在一邊，而自己爬到最高的地方去；世界產生了一個意志剛強、心志堅定的人，至於感情——他所稱為愚笨的理想主義或多情的東西——其最後的一些灰燼，也已經漸漸在他的胸懷中熄滅了。這種人我是看不起的。硬心無情的人在世界上真是太多了。

如果國家要實行消滅不適於生存者的生殖機能的話，這種政策施行起來，第一步應該先對付那些無道德感覺的人；藝術觀念陳腐的人、心腸如鐵石的人、殘酷的成功者、意志堅決的無情者，以及一切失掉生之嬉樂的人，把他們的生殖機能消滅——而不必先把瘋狂者和肺癆病人的生殖機能消滅。

因為在我看來，一個有熱情、有情感的人，也許會做出許多愚蠢和魯莽的事情，可是一個無熱情、無情感的人，卻是一個笑話和一幅諷刺畫了。他和都德（Daudet）的莎復（Sappho）比較起來，倒是一條蟲、一台機器、一台自動機，塵世上的一個污點啦！有許多妓女所過的生活比成功商人更崇高。如果莎復犯罪，那有什麼可怪呢？因為她雖然犯罪，她同時也是有愛心的；對於那些會表示深愛的人，我們是應該給予很大的寬恕的。無論如何，她出一個冷酷的商業環境裏走出來的時候，是比我們周遭許多百萬富翁更有青春熱烈的心情的。

崇拜瑪莉・瑪黛玲（Mary Magdalene）是對的。熱情和情感免不了會使我們做錯事，因而得到應得的懲罰，然而許多寬容的母親因為縱容子女，常常讓她們的愛戰勝她們的判斷，可是我們覺得她們到老年的時候，一定會覺得她們和家人曾過著幸福的生活，比許多苛刻嚴峻的人所過的家庭生活更幸福。

有一個朋友告訴我一個故事，他說有一個七十八歲的老婦人對他說：「回顧我過去七十八年的生活，我每想到我做錯事的時候，還是覺得快樂的；可是當我想到我做蠢事的時候，我甚至到今天還是不能饒恕自己。」

可是人生是嚴酷的，一個具著熱烈的、慷慨的、多情的天性的人，也許會輕易被比較聰明的同伴所欺騙。那些生性慷慨的人，常常因為他們的慷慨而做錯了事，常常因為對付仇敵太過寬大、對朋友太過信任，而做錯了事。慷慨的人有時會感到幻滅，而跑回家去寫出一首悲苦的詩。

中國許多詩人和學者就是這樣的，例如：喝茶大家張岱，為幫親友的忙，很慷慨地把家產花完，可是結果卻吃了他自己最親密朋友的虧；他為了這次的遭遇所寫的十二首詩，是我所有讀過的最辛酸悲苦的詩。可是我疑心他到死，還是那麼慷慨大量的；甚至在他很窮困的時候（有許多次是差不多要餓死了），也是如此；我相信這些悲苦的情緒不久便煙消霧散，而他還是十分快活的。

雖然如此，這種熱烈慷慨的心性應該由一種哲學加以保障，以免受人生的環境所摧殘。因為人生是嚴酷的，熱烈的心性是不足應付環境的，熱情必須和智勇結合起來。我覺得智與勇是同樣的東西，因為勇是了解人生之後的產物，一個完全了解人生的人是始終勇敢的。

無論如何，「智」如果不能生勇，便無價值。智制止了我們的愚蠢的野心，把我們由這個世界的時髦的騙子（humbug）——無論是思想上的騙子或人生的騙子——之中解放出來，使我們得到勇氣。

在我們這個塵世裏，騙子真是多得很，可是中國佛教徒已經把許許多多的小騙子用兩個大騙子歸納起來，這兩個大騙子就是「名和利」。

據說乾隆皇帝遊江南的時候，有一次在山上眺望景色，看見許多帆船在中國海上行駛，往來如織。他便問他的大臣那幾百艘帆船上的人在幹什麼，他的大臣答道，他只看見兩艘船，一艘叫「名」，一隻叫「利」。許多有修養的人士能夠避免利的誘惑，可是只有最偉大的人物才能夠避免名的誘惑。

有一次，一個僧人和他的弟子在談論這兩種俗慮的根源時說：「絕利易，絕名心難。隱士、僧人仍冀得名。彼等樂與大眾談經說法，而不願隱處小庵，如我輩與弟子作日常談。」那個弟子答道：「若吾師者，誠可謂世上唯一絕名心之人矣！」師父微笑而不言。

據我自己的人生觀察講起來，佛教徒這個對人生的騙子的分類是不完全的；人生的大騙子不是兩個，而是三個：「名、利、權」。

美國有一個名詞，可以把這三個騙子概括起來，這個名詞就是「成功」（success）。可是許多智者知道成功和名利的欲望乃是恐懼失敗、貧窮，和碌碌無名的諱稱，而這些恐懼支配著我們的生活的。有許多人已經名利雙收，可是他們還是在千方百計地想統治人家，這代價常常是很巨大的。如果你請一個智者向一群民眾揚帽招呼，一天演說七次，而選他做總統，他一定不願為祖國服役。

白萊士（James Bryce）（編按•近代英國歷史學家和外交家）以為美國民主政府的制度，不能吸引國內最優越的人才入政界活動。我覺得單是總統競選運動的吃力情形，即足以嚇退美國所有的智者了。

做官的人常常須在奉獻一生為人群服役的名義之下，一星期內參加六次的宴會。他為什麼不留在家裡把自己奉獻於一頓簡單的晚餐、穿上睡衣上床去睡覺呢？

一個人在名譽和權利的騙子的吸引之下，不久也會變成其他偶然的騙子的奴隸。

這種發展是沒有止境的。他不久便開始想改造社會、提高人家的道德、衛護教會、撲滅罪惡、制定一些計畫給人家去施行、破壞別人所制定的計畫、在大會席上讀一篇他的屬員替他預備好的統計報告、坐在委員會的席上研究展覽的藍圖樣，甚至於並設一間瘋人院（臉皮真厚啊！）——總而言之，干涉人家的生活。他不久便忘記這些自告奮勇而負起的責任，這些改造人家、實施自己的計畫、破壞競爭者的計畫等等問題，在過去並不曾和他發生關係，或許甚至不曾跑進過他的腦海裏。

一個在總統競選中失敗了的候選人，在競選兩個星期後，對於勞工、失業、關稅等大問題，忘掉得多麼一乾二淨啊！他是誰呢？幹嘛要改造人家、提高他們的道德、送人家進瘋人院去呢？可是如果他成功了，這些頭等的騙子和次等的騙子是會使他心滿意足地忙著，使他有一種幻覺，以為他的確在做一些事情，所以是「重要的人物」。

然而，世間還有一個次等的社會騙子，和上述的騙子一樣有量、一樣普遍，這個騙子就是時尚（fashion）。

人類很少有表現原來的自我本性的勇氣。正如希臘哲學家德謨克利特

（Democritus），以為他把人類由畏懼上帝、畏懼死亡，這兩個大恐懼的壓迫下解放出來，是對人類的一種偉大貢獻。

可是，雖然如此，他還不曾把我們由另一個同樣普遍的恐懼——畏懼周遭的人——中解放出來。由畏懼上帝和畏懼死亡的壓迫解放出來的人，有許多還不能擺脫畏懼人們的心理。不管是有意的或無意的，我們在這塵世中都是演員，對著一群觀眾扮演他們所認可的角色和故事。

這種演劇的才能，及與之有關的摹仿的才能（也是演劇的才能的一部分），是我們猴子的遺傳中最特出的質素。這種展覽和表演的才能，無疑地可以獲得實際的利益，最明顯的利益就是觀眾的「喝彩」。

可是，喝彩的聲響越大，舞台後的心緒的紛亂也越厲害。它同時也幫助一個人去謀生，所以我們不能怪什麼人依觀眾所認可的方式去扮演他的角色。

可是，那演員也許會取那個人的地位而代之，甚至完全占有了他，這是唯一可議之處。在這世上，享盛名、居高位的人，能夠保存他們的本性者，為數甚少；只有這種人做戲的時候，知道他們在做戲，他們不被權位、名號、產業和財富等等人造的幻覺所欺騙，當這些東西跑來找他們時，他們總用一種寬容的微笑去接受，可是他們不相信他們這樣做便和常人不同。

這一類的人物，這些精神上的偉人，在他們的個人生活上才會始終做簡樸的人。因為他們不被這些幻象所纏擾，所以簡樸永遠是真正偉大的人物標誌。小官僚幻想著自己的偉大、社交場中的暴發戶展覽他的珠寶、幼稚的作家幻想自己已擠上不朽的作家之林；於是便立刻變成較不簡樸、較不自然的人，世間再也沒有什麼行為更足以表示這渺小的心智了。

我們的演劇的本能是根深柢固的，所以我們常常忘記我們在離開舞台的時候，還有真正的生活可以度過。於是我們一生勞勞苦苦的工作著，不是依我們的真本能為自己生活著；而是為社會人士的稱許而生活著，如中國俗語說的，像老處女「為他人作嫁衣裳」那樣。

三、玩世，愚鈍，潛隱：老子

老子是最邪惡的「老滑」，他的哲學卻產生了和平、寬容、簡樸和知足的最高理想，這似乎是矛盾的現象。這種教訓包括愚者的智慧、隱者的利益、柔弱者的力量，和真正熟識世故者的簡樸。

中國的藝術本身，它的詩意的幻象，及其對樵夫和漁父的簡樸生活的讚頌，是不能脫離這種哲學而存在的。中國和平主義的根源就是情願忍受暫時的失敗、靜候時機，相信在天地萬物的體系中，在大自然依動力和反動力的規律而運行的情勢之下，沒有一個人能永遠占著便宜，也沒有一個人始終做「傻瓜」。

我們既然知道，依大自然的規律，沒有一個人能夠永遠占著便宜；也沒有一個人始終做傻瓜，所以，其自然的結論是，競爭是無益的。

老子曰：「智者夫唯不爭，故天下莫能與之爭。」又曰：「強梁者不得其死，吾將以為教父。」現代的作家也許會加上一句話：「世間如果有獨裁者能不靠密探的衛護，我情願做他的黨徒。」因此，老子曰：「天下有道，卻走馬以糞；天下無道，戎馬生於郊。」——動力與反動力的規律造成了以暴力對付暴力的局勢。

我覺得如果老子當時被邀請去擔任凡爾賽會議的主席，今日一定不會產生一個希特勒。希特勒以他在政治上稱霸之速為證，斷言他和他的工作一定曾經得到「上帝的庇佑」。我倒以為這件事還要簡單，他是得到克里蒙梭（Clemenceau）（編按•法國政治家，曾為第一次世界大戰協約的勝利和凡爾賽和約的簽訂做出重要貢獻，被當時歐洲人稱為「勝利之父」。1841～1929）的神魂的庇佑了。

中國的和平主義不是人道的和平主義，而是老滑的和平主義——不是以博愛為本，而是以一種近情的微妙的智慧為本。

關於柔弱者的力量、愛好和平者的勝利，與潛隱的利益這一類的訓誨，真沒有一個人比老子講得更有力量。因為在老子看來，「水」永遠是柔弱者的力量的象徵——水輕輕地滴下來，在石頭上穿了一個洞，水具有道家最偉大的智慧，朝著最低下的地方流過去。

「谷」也是同樣平常的象徵，代表空洞、代表世間萬物的子宮和母親、代表陰或牝。

從牝（編按・指雌性的禽獸，意陰柔）代表東方文化，而以牡（編按・指雄性的禽獸，意陽剛）代表西方文化，大約不是牽強附會之談吧？無論如何，在中國的消極的力量裏，有一些東西很像子宮或山谷；老子曰：「……為天下谷；為天下谷，常德乃足。」

凱撒（Julius Caesar）要做一個村莊中的第一人，可是老子給我們一個相反的忠告：「不敢為天下先。」講到顯名的危險這一類的思想，莊子曾寫了一篇諷刺文章去反對孔子及其誇耀知識的行為。莊子的著作裏有許多這種誹謗孔子的文章，因為莊子寫文章時，孔子已經死了，而當時中國又沒有關於破壞名譽的法律。

我曾寫過一首詩，把道家的思想概括起來：

愚者有智慧，
緩者有雅致，
鈍者有機巧，
隱者有益處。

在信仰基督教的讀者們看來，這幾句話一定很像耶穌的「山上訓言」；在他們看來，這幾句話也許同樣地沒有效力。老子給「山上訓言」加上一句有趣的話：「愚者有福了」，因為他們是世上最快樂的人。

莊子繼續著老子——「大巧若拙；大辯若訥」的名句，他說：「棄智」。柳宗元在八世紀時稱他比鄰的山做「愚山」，稱附近的水流做「愚溪」。鄭板橋在十八世紀時說了一句名言：「難得糊塗，聰明難，由聰明轉入糊塗更難。」

中國文學上是不斷地有讚頌愚鈍的話的。美國有一句俚語說：「別太精明。」

（Don't be too smart）由這句俚語就可以看出抱這種態度的智慧。最有智慧的人常常假裝做「傻瓜」。

所以，我們在中國文化上看見一種稀奇的現象，就是一個大智對自己發生懷疑，因而造成（據我所知）唯一的愚者的福音，和最早期的潛隱為人生鬥爭之最佳武器的理論。

由莊子的「棄智」的忠告，到尊崇愚者的觀念是一個短短的過程；在中國的繪畫和文藝作品裏的乞丐，隱蔽的不朽者、癲僧或《冥寥子游》中的奇絕的隱士等等的人物中，我們不斷地看見這種尊崇愚者的觀念。

智者在人生的迷戀中清醒過來了，這種覺悟含著一種浪漫的和宗教的情調，而進入詩的狂想的境界；於是那個可憐的、衣服襤褸的、半癲的和尚，在我們的心目中變成最高的智慧和崇高的性格的象徵了。

「傻瓜」的討人喜歡，是一個無可否認的事實。我相信無論在東方或西方，世人是憎惡一個跟同伴們往來時過於精明的人的。袁中郎曾寫過一篇文章，表白他和他的兄弟為什麼情願用四個極愚笨而極忠心的僕人。

任何人想起所有的朋友和同伴時，都可以證明一個事實，就是我們所喜歡的人，並不是「才能」受我們尊重的人，而「才能」受我們尊重的人，也不是我們所喜歡的人。我們喜歡愚笨的僕人，因為他比較靠得住；因為和他在一起時，我們盡可以舒舒服服地過日子，不必處處提防他。智慧的男人多數要娶不太精明的老婆，智慧的女人多數要嫁不太精明的丈夫。

中國歷史上有一些著名的傻瓜，都因為他們的真癲或假癲，很討人喜歡、很受人的愛戴。例如，宋代的著名畫家米芾，號米顛（癲），因為有一次穿了禮服去拜一塊岩石，叫那塊石頭做他的「丈夫」，遂得到這個名號。他和元朝的著名畫家倪雲林都有潔癖。

又有一個著名的瘋詩人寒山和尚，蓬頭赤足，在各大寺院跑來跑去，在廚房裡打雜，吃人家剩下的殘羹冷飯，而卻在廟寺和廚房的牆壁上寫不朽的詩。受中國民眾所愛戴的最偉大的瘋和尚，無疑地是濟癲和尚，又名濟公，他是一部通俗演義的主人公。這部演義越續越長，其篇幅至今約比《唐•吉訶德先生》（Don Quixote）多了三倍，看來似還沒有完結。因為他是生於一個魔術、醫藥、惡作劇和醉酒的世界裏，而且具有一種神力，能在距離幾百英里遠的城市裏同日出現，紀念他的廟宇，今日還屹立於杭州西湖附近。

十六世紀和十七世紀的偉大浪漫天才，如徐文長、李卓吾，和金聖嘆（他自號為「聖嘆」，因為據他說，當他出世的時候，孔夫子的廟堂裏曾發出一聲神祕的嘆息），雖然和我們一樣正常；可是多少因為他們的外表和舉動違背傳統的習慣，不免給人一種瘋狂的印象。

四、「中庸的哲學」：子思

我相信一種著重無憂無慮、心地坦白的人生哲學，一定會勸我們脫離一種太匆忙的生活和太重大的責任，因而使人減少實際行動的慾望。在另一方面，現代人需要這一陣玩世的清鮮的風，因為這樣對他是有益的。兩種向前瞻望的哲學，那種使人類在徒然的、浪費的活動中過生活的哲學，也許比古今哲學中的全部玩世思想遺害更大。

每一個人都有許許多多生理上的工作的衝動，隨時隨地可以抵消這種哲學的力量；這種放浪的偉大哲學，雖則很受人的歡迎，可是中國人至今還是世界上最勤快的民族。大多數的人不能成為玩世者，因為大多數的人並不是哲學家。

所以，據我看來，玩世主義很少有變成大眾所崇拜的流行的思想的危險。在中國，道家的哲學獲得中國人本能的感應。這種哲學已經存在了幾千年，由每首詩歌和每幅風景畫裏呈現在我們的眼前；然而，甚至在中國這個地方，人們依然在過著熙熙攘攘的生活，依然有許多人在相信財富、名譽和權力，立下決心，熱切地要為他們的國家服役。如果不是這樣，人們便無法生活下去。不！中國人只在他們失敗的時候，才做玩世者和詩人；我的同胞多數還是很高明的展覽家。

道家玩世思想的影響，僅是在減低生活的速度，同時在遇著天災人禍的時候，引導人們去信仰動作和反動作的自然律，這種自然律結果是會使正義實現的。

然而，中國思想上還有一種相反的勢力，和這種無憂無慮的哲學、自然的放浪者的哲學，站在對立的地位。和自然紳士的哲學對立的，是社會紳士的哲學；和道家哲學對立的，是儒家哲學。如果道家哲學和儒家哲學僅是代表消極的和積極的人生觀的話，那麼，我相信這兩種哲學不是中國人的，而是人類天性上固有的東西。我們大家都是天生一半道家主義者和一半儒家主義者。

一個徹底的道家主義者，照理應該跑到山中去居住，過著隱士的生活，竭力摹仿樵夫和漁父的簡樸、無憂無慮的生活，因為樵夫是青山的君王，而漁父是綠水的主人。道家的隱士在山上的白雲中半隱半現，一邊俯視樵夫和漁父在相對閒談，一邊默念山依然是青的、水依然流著的，完全沒有理到那兩個渺小的談話者的存在。他由這個凝想中獲得一種徹底和平的感覺。然而，那種叫我們完全逃避人類社會的哲學，終究是拙劣的哲學。

還有一種哲學比這種自然主義的哲學更偉大，這種哲學就是人文主義的哲學，所以，中國思想上最崇高的理想；就是一個不必逃避人類社會和人生，也能夠保存原有的快樂的本性的人。

一個人如果須離開城市，在山中過著幽寂的生活，那麼他不過是一個第二流的隱士，他還是他的環境的奴隸。「城中隱士是最偉大的隱士」——因為他對自己具有充分的節制，不怕環境的影響。所以，一個僧人如果回到社會去喝酒、吃肉和女人來往，而同時這種行為不會傷害他的靈魂的話，那麼，他便是一個「高僧」了。

因此，這兩種哲學頗有合併起來的可能。儒教和道教的對立是相對的，而不是絕對的；這兩種學說只是代表了兩種極端的理論，而在這兩種極端的理論之間，是還有許多中間的理論的。

「半玩世者」是最優越的玩世者。生活的最高類型終究是《中庸》的作者，即孔子的孫兒——子思所倡導的「中庸生活」。古今與人類生活問題有關的哲學，還不曾有一個發現比這種學說更深奧的真理，這種學說所發現的，就是一種介於兩個極端之間的有條不紊的生活——中庸的學說。

這種中庸的精神，在動作和不動作之間找到了一種完全的均衡，其理想就是一個半有名、半無名的人。在懶惰中用功，在用功中偷懶。窮不至窮到付不起房租，而有錢也不至於有錢到可以完全不工作，或可以隨心所欲地幫助朋友。鋼琴會彈，可是不十分高明，只可以彈給知己的朋友聽聽，而最大的用處卻是做自己的逍遣。

古董倒也收藏一些，可是只夠排滿屋裏的壁爐架。書也讀讀，可是不太用功。學識頗淵博，可是不成為專家。文章也寫寫，可是寄給《泰晤士報》的信件有一半退回，而一半發表了——總而言之，我相信這種中等階級生活的理想，是中國人所發現的最健全的生活理想。李密庵在他的《半半歌》裏，把這種理想很美妙地表現出來：

看破浮生過半，
半之受用無邊。
半中歲月盡幽閒，

半裏乾坤寬展。
半郭半鄉村舍，
半山半水田園。
半耕半讀半經廛，
半士半姻民眷。
半雅半粗器具，
半華半實庭軒。
衾裳半素半輕鮮，
餚饌半豐半儉。
童僕半能半拙，
妻兒半樸半賢。
心情半佛半神仙，
姓字半藏半顯。
一半還之天地，
讓將一半人間。

半思後代與淪田，
半想閻羅怎見。
飲酒半酣正好，
花開半時偏妍。
半帆張扇免翻顛，
馬放半韁穩便。
半少卻饒滋味，
半多反厭糾纏。
百年苦樂半相參，
會占便宜只半。

所以，我們把道家的現世主義和儒家的積極觀念調和起來，而成為中庸的哲學。因為人類生於真實的世界和虛幻的天堂之間，所以我相信這種理論在一個前瞻的西洋人的心目中，初看起來也許很不滿意，可是這依然是最優越的哲學，因為這是最合於人情的哲學。

歸根結柢說來，半個林白（編按：美國飛行員，因單獨完成橫越大西洋而聞名世界。1902～1974）是比一個林白更好的，因為比較快樂。我相信林白如果只飛越大西洋的半程，一定會快樂很多。我們承認世間非有幾個超人——如：改變歷史過程的探險家、征服者、大發明家、大總統、英雄——不可。

可是最快樂的人終究還是那個中等階級的人，所賺的錢足以維持經濟獨立的生活。曾替人群做過一點點事情，僅是一點點事情。在社會上有點名譽，可是不太著名。只有在這種環境之下，當一個人的名字半隱半顯，經濟在相當限度內尚稱充足的時候，當生活頗為逍遙自在，可是不是完全無憂無慮的時候，人類的精神才是最快樂的、最成功的。

我們終究須在這塵世生活下去，所以我們必須把哲學由天堂帶到地上來。

五、人生的愛好者：陶淵明

所以，我們曉得如果我們把積極的和消極的人生觀念適當地混合起來，我們能夠得到一種和諧的中庸哲學，介於動作與不動作之間、介於塵世徒然的匆忙與完全逃避人生責任之間；在世界上的一切哲學之中，這一種可說是人類生活上最健全、最完滿的理想了。

還有一點更加重要，就是這兩種不同的觀念的混合，產生了一種和諧的人格；這種和諧的人格，便是一切文化和教育的公認目的。我們在這種和諧的人格中，看見一種生的歡樂和愛好，這是值得注意的。

要我描寫這種人生的愛好的性質是很困難的；用一種譬喻來說明，或敘述一位人生的愛好者的真事蹟，是比較容易的。陶淵明，這位中國最偉大的詩人和中國文化上最和諧的產物，很自然地浮上我的心頭。

當我說陶淵明是中國整個文學傳統上，最和諧、最完美的人物時，一定沒有一個中國人會反對我的話的。他不曾做過大官，亦沒有權力和外表的成就，除一部薄薄的詩集和三、四篇散文之外，也不曾留給我們什麼文學遺產，可是他至今依然是一堆照徹古今的烽火，在那些較渺小的詩人和作家的心目中，他永遠是最高人格的象徵。

陶淵明的生活是簡樸的，風格也是簡樸的，這種簡樸的特質是令人敬畏的，是會使那些較聰明、較熟悉世故的人自慚形穢的。他今日是人生的真愛好者的模範，因為他心中反抗塵世欲望的念頭，並沒有驅使他去做一個徹底的遁世者，反而使他和感官的生活調和起來。

文學的浪漫主義，與道家的閒散生活和反抗儒家的教義，已經在中國活動了兩百多年，而和前世紀的儒家哲學合併起來，造成這麼一個和諧的人格。

在陶淵明的身上，我們看見那種積極的人生觀，已經喪失其愚蠢的滿足；而那種玩世的哲學，也已經喪失其尖刻的叛逆性，（我們在托洛的身上還可以看見這麼一種特質——這是一個不朽的標誌。）而人類的智慧第一次在寬容的嘲弄的精神中達到成熟期了。

在我的心目中，陶淵明代表中國文化的一種奇怪的特質。這種特質就是肉的專一和靈的傲慢的奇怪混合，就是不流於制欲的精神生活，和不流於肉欲的物質生活的奇怪混合；在這種混合中，感官和心靈是和諧相處的。

因為理想的哲學，能夠了解女人的嫵媚而不流於粗鄙、能夠酷愛人生而不過度、能夠看見塵世的成功和失敗的空虛、能夠站在超越人生和脫離人生的地位，而不敵視人生。因為陶淵明已經達到了那種心靈發展的真正和諧的境地，所以我們看不見一絲一毫的內心衝突，所以他的生活會像他的詩那麼自然、那麼不費力。

陶淵明生於第四世紀的末葉，是一位著名學者和官吏（陶侃）的曾孫；這位著名的學者和官吏在州無事，輒朝運百甓於齋外，暮運於齋內。

陶淵明少時，以家貧親老，起為州祭酒，可是不久便辭職，過著耕田的生活，因此患了一種疾病。有一天，他對親友們說：「聊欲弦哥以為三徑之資，可乎？」有一個朋友聽見這句話，便給他做彭澤令。他因為很喜歡喝酒，所以命令縣公田都種秫穀，後來他的妻子固請種稉，才使一頃五十畝種秫，五十畝種稉。

有一次，郡遣督郵至，縣吏說他應該束帶見督郵，陶淵明嘆曰：「吾不能為五斗米折腰。」於是他便辭職，寫了《歸去來辭》這首名賦。

從此以後，他就過著農夫的生活，有幾次人家請他做官，他都拒絕了。他自己很窮，和窮人一起過活；他在給他兒子的一封信裏，曾悲嘆他們衣服不整，而且做著平常工人的工作。可是他有一次曾遣一個農家的孩子到他兒子那裏去，幫忙挑水取柴；他在給兒子的信裏說：「此亦人子也，可善遇之。」

他唯一的弱點便是喜歡喝酒。他過著很孤獨的生活，不常和賓客周旋，可是一看見酒的時候，縱使他和主人不認識，他也會和大家坐在一起喝酒的。

有時他做主人，在席上喝酒先醉，便向客人說：「我醉欲眠，卿可去。」他有一張沒有弦線的琴，這種古代的樂器只有在心境很平靜、好整以暇時，慢慢彈起來才有意思。他和朋友喝酒的時候，或想玩玩音樂的時候，常常撫這張無弦之琴。他說：「但識琴中趣，何勞弦上聲？」

他是一個謙遜、簡樸，和自立的人，交友極為謹慎。判史王弘非常欽仰他，要和他做朋友，可是覺得很難碰見他。他很自然地說：「我性不狎世，因疾守用，幸非潔志慕聲。」王弘只好跟一個朋友設計去會見他；這個朋友約他出門喝酒。當他走到半路，停在一個野亭的時候，朋友便把酒拿出來，陶淵明欣然坐下來喝酒，而隱藏在附近的王弘，便在這個時候走出來和他相見了。他非常高興，歡宴窮日，連朋友的地方也忘記去了。王弘看見陶淵明無履，就叫左右為他造履。當王弘的左右請度履的時候，陶淵明便伸出腳來使他們量一量，他的朋友在煮酒，他們拿他頭上的葛巾來漉酒，用完還給他，他又把葛巾著在頭上。

他住在廬山之麓，當時廬山有一個著名的禪宗，叫做「白蓮社」，由一位大學者主持。這個領袖想請他加入白蓮社，有一次便請他赴宴，他所提出的條件是可以在席上喝酒。這種行為是違犯佛教的條規的，可是主人答應了。當他剛要簽字正式入社的時候，他卻「攢眉而去」了。

大詩人謝靈運很想加入這個白蓮社，可是找不到門路。那位法師還想陶淵明做朋友，所以有一天便請他和另一位道家的朋友一起喝酒。他們一共三個人，那位法師代表「佛教」，陶淵明代表「儒教」，那位朋友代表「道教」。那位法師曾立誓終生不走過某一座橋，可是有一天當他和那位朋友送陶淵明回家時，他們談得非常高興，不知不覺都走過了橋。三人知道的時候，不禁大笑。

這三位大笑的老人，後來成為中國繪畫上的常用題材。因為這個故事，象徵著三位無憂無慮的智者的歡樂、象徵著在幽默感中，團結一致的三個宗教的代表人物的歡樂。

他就這樣過一生，做一個無憂無慮、心地坦白、謙遜的田園詩人，是一個智慧而快活的老人。可是在他那部關於喝酒和田園生活的小詩集，與三、四篇偶然寫出的文章、一封給他兒子的信、三篇祭文（其中一篇是自祭文），和遺留給後代子孫的一些話裏，我們看見一種造成和諧的生活的情感與天才；這種和諧的生活已經達到完全自然的境地，沒有一個人能超越過他。

他在《歸去來辭》裏所表現的就是這種酷愛人生的情感。這篇名作是他在公曆四〇五年十一月決定辭掉縣令的職務時寫的。

有人也許會把陶淵明看做「逃避主義者」，然而事實上他並不是。他想要逃避的是政治，而不是生活本身。如果他是邏輯家的話，他也許決定出家去做和尚，徹底逃避人生。可是陶淵明是酷愛人生的，他不願完全逃避人生。在他看來，他的妻兒是太真實了。他的花園、伸過他的庭園的樹枝，和他所撫愛的孤松是太可愛了。因為他是一個近情的人，而不是邏輯家，所以他要跟周遭的人物在一起。

他就是這樣酷愛人生的，他由這種積極的、合理的人生態度中，獲得他所特有的與生命和諧的感覺。這種生命之和諧產生了中國最偉大的詩歌。他是塵世所生的，是屬於塵世的，所以他的結論不是要逃避人生，而是要「懷良辰以孤往，或植杖而耘耔」。

陶淵明僅是回到他的田園和他的家庭的懷裏去。結果是和諧而不是叛逆。

快樂的問題

生之享受包括許多東西：我們自己的享受，家庭生活的享受，樹、花、雲、彎曲的河流、瀑布，和大自然形形色色的享受。此外，又有詩歌、藝術、沉思、友情、談話，和讀書的享受，後者這些享受都是心靈交通的不同表現。

有些享受是顯而易見的，如食物的享受、歡樂的社交會或家庭團聚、天氣晴朗的春日的野遊。有些享樂是較不明顯的，如詩歌、藝術和沉思的享受。我覺得不能夠把這兩類的享受分為物質的和精神的，一來因為我不相信這種區別，二來因為我要做這種分類時總是不知適從。

當我看見一群男女老幼在舉行一個歡樂的野宴時，我怎麼說得出在他們的歡樂中哪一部分是物質的，哪一部分是精神的呢？我看見一個孩子在草地上跳躍著，另一個孩子用雛菊在編造一個小花圈；他們的母親手中拿一塊夾肉麵包，叔父在咬一顆多汁的紅蘋果；父親仰臥在地上眺望著天上的浮雲，祖父口中含著煙斗。也許有人在開留聲機，遠遠傳來音樂的聲音和波濤的吼聲。

在這些歡樂之中，哪一種是物質的，哪一種是精神的呢？享受一塊夾肉麵包和享受周邊的景色（後者就是我們所謂的詩歌），其差異是否可以很容易地分別出來呢？音樂的享受，我們稱之為藝術。吸煙斗，我們稱之為物質的享受。可是我們能夠說前者是比後者更高尚的歡樂嗎？

所以，在我看來，這種物質上和精神上的歡樂的分別是混亂的，莫名奇妙的、不真實的。我疑心這分類是根據一種錯誤的哲學理論，把靈和肉嚴加區別，同時對我們的真正的歡樂，沒有做過更深刻、更直接的研究之故。

難道我的假定太過分了，拿人生的正當目的這個未決定的問題來做論據嗎？我始終認為生活的目的就是生活的真享受。我用「目的」這名詞時有點猶豫。人生這種生活的真享受的目的大抵不是一種有意的目的，而是一種對人生的自然態度。「目的」這個名詞包含著企圖和努力的意義。

人生在世，所碰到的問題不是他應該以什麼做目的，或應該怎麼實現這個目的，而是要怎麼利用此生，利用天賦給他的五、六十年的光陰。他應該調整他的生活，使他能夠在生活中獲得最大的快樂，這種答案跟如何度週末的答案一樣地實際，不像形而上的問題，如人生在宇宙的計畫中，有什麼神祕的目的之類，那麼地只可以做抽象而渺茫的答案。

反之，我覺得哲學家在企圖解決人生的目的這個問題時，是假定人生必有一種目的。西方思想家之所以把這個問題看得那麼重要，無疑也是因為受了神學的影響。我想我們對於計畫和目的這一方面假設得太過分了，人們企圖答覆這個問題，為這個問題而爭論，給這個問題弄得迷惑不解，這正可以證明這種工夫是徒然的、不必要的。如果人生有目的或計畫的話，這種目的或計畫應該不會這麼令人困惑、這麼渺茫、這麼難以發現。

這個問題可以分做兩個問題：（一）是關於神靈的目的，是上帝替人類所決定的目的；（二）是關於人類的目的，是人類自己所決定的目的。

關於第一個問題，我不想加以討論，因為我們認為所謂上帝所想的東西，事實上都是我們自己心中的思想；那是我們想像會存在上帝心中的思想，然而要用人類的智能來猜測神靈的智能，確實是很困難的。我們這種推想的結果，常常使上帝做我們軍中保衛旗幟的軍曹，使他和我們一樣充滿著愛國狂；我們認為上帝對世界或歐洲絕對不會有什麼「神靈目的」或「定數」，只有對我們的祖國才有「神靈目的」

或「定數」。

我認為德國納粹黨人心目中的上帝一定也帶著「卍」字的臂章。這個上帝始終站在我們這一邊，不會站在他們那一邊，可是世界上抱著這種觀念的民族，也不僅日耳曼人而已！

至於第二個問題，爭論點不是人生的目的是什麼，而是人生的目的應該是什麼；所以這是一個實際的，而不是形而上的問題，對於「人生的目的應該是什麼」這個問題，人人都可以有他自己的觀念和價值標準。我們之所以為這個問題而爭論，便是這個緣故，因為我們彼此的價值標準都是不同的。

以我自己而論，我的觀念是比較實際，而比較不抽象的。我以為人生不一定有什麼目的或意義。惠特曼說；「我這樣一個人，已經足夠了。」我現在活著——而且也許可以再活幾十年——人類的生命存在著，那也已經足夠了。用這種眼光看起來，這個問題變得非常簡單，答案也只有一個了。人生的目的，除了享受人生之外，還有什麼呢？

這個快樂的問題，是一切無宗教的哲學家所注意的重大問題，可是基督教的思想家卻完全置之不問，這是很奇怪的事。神學家所煩慮的重大問題，並不是人類的快樂而是人類的「拯救」——「拯救」真是一個悲慘的名詞。這個名詞在我聽起來很覺刺耳，因為我在中國天天聽見人家在談「救國」。大家都想要「救」中國。這種言論使人有一種在快要沉沒的船上的感覺、一種萬事具休的感覺，大家都在想求生的最好方法。

基督教——有人稱之為「兩個沒落的世界（希臘和羅馬）的最後嘆息，」——今日還保存著這種特質，因為它還在為拯救的問題而煩慮著。人們為離此塵世而得救的問題煩慮著，結果把生活的問題給忘掉了。

人類如果沒有瀕臨滅亡的感覺，何必為「得救」的問題那麼憂心呢？神學家那麼注意拯救的問題，那麼不注意快樂的問題。所以他們對於將來，只能告訴我們說有一個渺茫的天堂；當我們問道，我們要在那邊做什麼呢？我們在天堂要怎樣得到快樂呢？他們只能給我們一些很渺茫的觀念，如唱詩、穿白衣裳之類。穆罕默德至少還用醇酒、多汁的水果和黑髮、大眼、多情的少女，替我們畫了一幅將來快樂的景象，這是我們這些俗人所能了解的。如果神學家不把天堂的景象弄得更生動、更近情，那麼我們真不想犧牲這個塵世的生活，而到天堂裡去。

有人說：「今日一顆蛋比明日一隻雞更好。」至少當我們在計劃怎樣過暑假的生活的時候，我們也要花些工夫去探悉我們所要去的地方。如果旅行社對這個問題答得非常含糊，我是不想去的；我在原來的地方過假期好了。

我們在天堂裡要奮鬥嗎？要努力嗎？（我敢說那些相信進步和努力的人，一定要奮鬥不息，努力不息的。）可是當我們已經十全十美的時候，我們要怎樣努力、怎樣進步呢？或者，我們在天堂裡可以過著遊手好閒、無所事事、無憂無慮的日子嗎？如果是這樣的話，我們在這塵世上學過遊手好閒的生活，以為將來「永生」生活的準備，豈不更好？

如果我們必須有一個宇宙觀的話，讓我們忘掉自己，不要把我們的宇宙觀限制於人類生活的範圍之內。讓我們把宇宙觀擴大一些，把整個世界——石、村，和動物的目的都包括進去。宇宙間有一個計畫（「計畫」一詞，和「目的」一樣，也是我們所不歡喜的名詞）——我的意思是說，宇宙間有一個模型，我們對於整個宇宙，可以先有一種觀念——雖然這個觀念不是最後固定不疑的觀念——然後在這個宇宙裡占據我們應占的地位。

這種關於大自然的觀念，關於我們大自然中的地位的觀念，必須很自然，因為我們生時是大自然的重要部分，死後也是回返到大自然去的。天文學、地質學、生物學和歷史都給我們許多良好的材料，使我們可以造成一個相當良好的觀念（如果我們不作草率的推斷）。

如果在「宇宙的目的」這個更廣大的觀念中，人類所占據的地位稍微減少其重要性，那也是不要緊的。他占據著一個地位，那已經夠了，他只要和周遭自然的環境和諧相處，對於人生本身便能夠造成一個實用而合理的觀念。

靈與肉

哲學家所不願承認的一樁最明顯的事實就是——我們有一個身體。我們的說教者因為看見我們人類的缺憾以及野蠻的本能和衝動，看得厭倦了，所以，有時希望我們生得跟天使一樣，然而我們完全想像不出天使的生活是怎樣的。我們不是以為天使也有一個和我們一樣的肉體和形狀——除了多生一對翅膀，就以為他們沒有肉體。

關於天使的形狀，一般的觀念依舊以為和人類一樣的肉體，另外多了一對翅膀，這是很有趣味的事。我有時覺得有肉體和五官，縱使對於天使，也是有利的。如果我是天使的話，我願有少女的容貌，可是我如果沒有皮膚，怎麼能得到少女般嫵媚的容貌呢？我將依舊喜歡喝一杯茄汁或冰桔汁，可是我沒有渴的感覺，怎樣能享受冰桔汁呢？

而且，當我不能感覺飢餓的時候，我怎樣能享受食物呢？一個天使如果沒有顏料，怎樣能夠繪畫？如果聽不到聲音，怎樣能夠唱歌？如果沒有鼻子，怎樣能夠嗅到清晨的新鮮空氣？如果他的皮膚不會發癢，他怎樣能夠享受搔癢時那種無上的滿足？這在享受快樂的能力上，該是一種多麼重大的損失！

我們應該有肉體，而且我們一切肉體上的欲望都能得到滿足，否則我們便應該變成純粹的靈魂，完全沒有滿足。一切滿足都是由欲望而來的。

我有時覺得，鬼魂或天使沒有肉體，真是一種多麼可怕的刑罰。看見一條清冽的流水，而沒有腳可以伸下去享受一種愉快的感覺。看見一碟北平或長島（Long Island）（美國地名）的鴨，而沒有舌頭可以嘗它的味道。看見烤餅而沒有牙齒可以咀嚼它。看見我們親愛的人們的可愛臉孔，而對他們沒有情感可以表現出來。

如果我們的鬼魂，有一天回到這世間來，靜悄悄地溜進我們小孩子的臥室，看見一個孩子躺在床上，而我們沒有手可以撫摸他、沒有臂膀可以擁抱他、沒有胸部可以感覺他的身體和溫暖、面頰和肩膀之間沒有一個圓圓的彎凹處，使可以緊挨著、沒有耳朵可以聽他的聲音，我們是會覺得多麼悲哀啊！

如果有人為「天使無肉體論」而辯護的話，他的理由一定是極端模糊而不充分的。他也許會說：「啊！不錯，可是在神靈的世界裡，我們並不需要這種滿足。」

「可是你有什麼東西可以替代這種滿足呢？」回答是完全的靜默；或許是：「空虛——和平——寧靜。」「你在這種情境裡可以得到什麼呢？」「沒有勞作、沒有痛苦、沒有煩惱。」

我承認這麼一個天堂，對於船役囚徒具有很大的吸引力，這種消極的理想和快樂觀念是太近於佛教了，其來源與其說是歐洲，不如說是亞洲（此地是指小亞細亞）。

這種理論必然是無益的，可是我至少可以指出沒有「感覺的神靈」的觀念，是十分不合理的，因為我們越來越覺得宇宙本身也是一個有感覺的東西。神靈的一個特性也許是動作，而不是靜止。

而沒有肉體的天使的快樂，也許是像每秒鐘兩萬或三萬周的速率，旋轉於陽核的陽電子那樣地旋轉著。天使在這裡也許得到了莫大的快樂，比在遊樂場中乘遊覽名勝的小火車更為有趣。

這裡一定有一種感覺。或許那個沒有肉體的天使，會像光線或宇宙線那樣，在以大的波浪中，以每秒鐘一八三〇〇〇英里的速率，繞著曲線形的空間而發射吧！一定還有精神上的顏料，教天使可以繪畫，以享受某種創造的形式；一定還有以大的波動，給天使當作音調、聲音，和顏色來感受；一定還有以大的微風去吹拂天使的臉頰。

如果不然，神靈本身便會像污水塘裡的水一樣地停滯起來，或像人在一個沒有一點新鮮空氣的悶熱夏日午時所感覺到的一樣。世間如果還有人生的話，就依然必須有動作和情感（無論是以什麼一種的形式）；而一定不是完全的休止和無感覺的狀態。

塵世乃唯一的天堂

我們的生命是會死的生命，這種覺悟，使深愛人生的感覺添上了悲哀的、詩意的情調。這種不免一死的悲感反使中國學者更熱切、更深刻領略人生的樂趣。這是很奇怪的。因為如果我們所有的只是這個塵世的人生，那麼我們必須趁人生還未消逝的時候，更盡情地享受它。如果我們有種永生的渺茫希望，我們便不能盡情領略這塵世生活的樂趣。

基思爵士（Sir Arthur Keith）說過一句話，頗能表現中國人的情感：「如果人們的信仰和我一樣，認為這塵世是唯一的天堂，那麼他們必將更盡力把這個世界造成天堂。」

蘇東坡說：「事如春夢了無痕。」惟其這樣，所以他會那麼深刻、那麼堅決地愛人生。我們在中國文學作品中，常常發現這種「人生不再」的感覺。中國的詩人和學者常常在歡娛宴樂的時候，給這種「人生不再」、「生命易逝」的感覺所侵襲。

被這種悲傷的情調所侵襲之後，在花前月下，常常有——「花不常好，月不常圓」的悲傷。

李白在〈春夜宴桃李園序〉一賦裡，曾寫了兩句名言：「浮生若夢，為歡幾何？」

王羲之和他的一些朋友歡宴的時候，寫了〈蘭亭集序〉這一篇不朽的文章，最能表達這種「人生不再」的感覺。

我們相信做人不免一死，相信生命終究會像燭光那樣地熄滅了，我以為這種信念、這種感覺，是很好的。它使我們清醒、它使我們有點悲哀、它也使我們當中許多人感到一種詩意。

可是還有一點最為重要，它使我們能夠立下決心，設法去過一種合理的、真實的生活，始終感覺到我們自己的缺點。它也使我們獲得平安，因為一個人預備接受最惡劣的遭遇，心中才能獲得真平安。我想這由心理學的立場上說來，乃是一種發洩身上儲力的程序。

中國的詩人與平民在享受人生的樂趣時，下意識裡，始終有一種歡樂不能持久的感覺，像中國人在歡聚完畢的時候，常常說：「千里搭涼棚，沒有不散的日子。」

人生的盛宴，乃是尼布申尼撒（Nebuchadrezzar）（編按・是古代巴比倫王，以強猛、驕傲、奓侈著名）的盛宴。這個浮生若夢的感覺，使不信仰宗教的人有一種神靈的意識。他看人生。像宋代山水畫家看山景一樣，是給一層神祕的薄霧包圍著的，有時空氣中仍是含著潮溼的水分的。

我們把永生的觀念排除了之後，生活的問題便變成一個簡單的問題了。問題是這樣的，我們人類在世界上的壽命是有限的，很少超過七十年。因此我們必須調整我們的生活，使我們在已定的環境之下，儘量過著最快樂的生活。

這種觀念是儒家的觀念。這種觀念含著很濃厚的現世的氣息，屬於塵世的氣息。人類隨著一種固執的常識去工作，其精神乃是山達雅拿所稱的「動物的信念」，把人生當作人生看。我們根據這種動物的信念，對我們和動物的根本關係，可以做一種明慧的猜測，不必靠達爾文的幫助。

所以，這種動物的信念使我們依戀著人生——本能的人生和感官的人生，因為我們相信，我們大家既然是動物，那麼，我們只有在我們正常的本能獲得正常的滿足時，才能夠獲得真正的快樂。這是包括生活各方面的享受的。

這麼說來，我們是唯物主義者嗎？中國人是幾乎不知道該怎麼回答這個問題的。因為中國人的精神哲理是建築在物質的，屬於塵世的人生上面，他是看不出精神和肉體的分別的。他無疑地愛物質上的享受，可是物質上的享受卻是屬於感官方面的。

人類只有靠理智才能看清精神和肉體的區別，而我們在前面已經說過，我們的感官便是精神和肉體的必經之道。「音樂」無疑地是我們各種藝術中最屬於心靈的藝術，能夠把人們舉高到精神的境界裡去，可是音樂是基於聽覺的。吃東西、辨滋味的享受，為什麼比交響樂更不屬於心靈呢？這是中國人所不明白的。

我們只有在這種實際的意義上，對我們所愛的女人才能夠有正確的感覺。我們要分別一個女人的靈魂和肉體是不可能的，因為如果我們愛一個女人，我們並不是愛她的幾何線條所造成的外表，而是她的舉止、她的儀態、她的眼波和她的微笑。可是一個女人的眼波和微笑是屬於肉體或精神方面的呢？恐怕沒有人能說得出吧？

這種現實生活和精神生活的感覺，是得到中國人文主義的助力的。老實說，它是得到中國人全部思想方法和生活方法的助力的。

簡括地講起來，中國的哲學家把一切抽象的推論完全撇在一邊，認為這些東西和生活的問題不發生關係，認為這些東西是我們的理智所產生的淺薄感想，他們把握住人生，僅提出一個萬世不易的問題——「我們要怎樣生活？」

西洋的哲學在中國人的心目中是很無聊的。西洋的哲學以論理或邏輯為重點，注重獲得知識的方法。以認識為重點，提出知識的可能性的問題，可是卻忘記了去探討關於生活本身的知識。那是很愚蠢、很瑣碎的事，像一個人戀愛求婚，而沒有結婚生子，又像天天在操練的軍隊，卻不開到戰場上去。

德國的哲學家是最無聊的東西；他們把真理當作愛人那樣地追求著，可是卻不想和她結婚。

我的圖書室

〈人間世〉雜誌，曾登載過姚穎女士一篇佈置書房的文章，湊巧與我的意見相同。如果我也發表過一篇同題的文章，或是曾經遇見過她，那我一定會誣她有抄襲我的意見的嫌疑。因此我在她的文章末尾，寫了一篇長論——表明她的理論如何似我的理論。茲將她的原文略述如下：

公共大學圖書館採用分類制，用杜威或王雲五的方法把圖書分編成類，固然是好的。但是一個貧窮的學者圖書不夠，又蹇居於京滬的一個狹里之中，顯然是不能如此做法。

一個「里舍」（私人的宅第之中），尋常只有一餐室、一間客廳、兩間睡房，如果很幸運，也許會有一間書房。此外，他的圖書普通都依個人的喜好而來，搜集的不會普遍完全，這該怎麼辦呢？

我不知道別人如何，但是我用的方法是如此的，我的方法是自然的方法，比如當我坐在書桌前收到一本寄來的書，我就把它放在桌上。如果在閱讀時有客來訪，我就把書帶到客廳，去和客人談談這本書的內容。

客人告別以後，如果我把書遺忘在客廳，我就讓它擺在那裡。有時話談得開心我還不感倦意，只是想休息一會，我就把它帶到樓上，在床上繼續閱讀。

如果書中興趣濃厚，我就繼續讀了下去，如果興趣減低，就把它用做枕頭而睡，這是我所謂自然的方法，也可以說是「使書籍任其所在的方法」。我甚而不能說，哪一處是我最喜歡放書的地方。

這種辦法的必然結果，自然到處可見圖書、雜誌，在床上、沙發上、餐間裡、食器廚中、廁所架上，以及其他地方。這樣的一覽無遺是杜威或王雲五的方法所不及的。

這種辦法有三點好處：

第一，不規則的美麗。各種精裝本、平裝本、中文、英文、大而厚重的本子、輕的美術複製本——一些是中古英雄騎士的圖片，一些是現代的裸體藝術照片，全部雜在一起，一望就可以看見人類歷史的整個過程。

第二，興趣的廣泛不同。一本哲學書籍，也許和一本科學書籍並立在一起；一本滑稽的書籍，也許和一本道德經比肩同立。他們混成一片，儼若各持己見的在爭辯著。

第三，用之便當。如果把書全部擺在書室，他在客廳中便無書可讀。我用這種方法，就是在廁所也能增長知識。

我只要說這僅是我個人的方法，我不求別人的贊成，也不希望他們來效法我。我寫這篇文章的緣故，是因為看我的客人見我的生活如此，常是搖頭嘆息。因為我沒有問過他們，我不知道他們是稱讚的嘆息，還是反對的嘆息……但是我不去理會的。

前邊的一篇文章，很可以代表現在中國通的小品文（familiar essay），它有中古文的輕鬆氣派，以及現代論文的不拘泥之風度。下邊是我寫的後論——

當我收到這篇稿子的時候，我覺得好像有人把我的祕密說穿了。在我看下去的時候，我很驚訝的發現了我自己的放書的理論，已被一個別的人同時發現了。我如何不能不就此發揮幾句呢？

我知道閱讀是一件高尚的事情，但已經變成了一件俗陋不堪而且商業化的事情。搜集書籍也曾是一件高尚的娛樂，但自從暴發戶出現以後，現在的情況也隨之慘變。這些人藏著各個作家整套書籍，裝著美麗整齊，擺在玻璃架上，用以在他們的朋友面前炫耀。

但是當我看到他們的書架的時候，裡邊從來沒有一點空隙或書本的誤排，這表明他們從來不去動那些書籍。其中也沒有書皮扯下來的書籍，沒有手紋的印子或偶然掉下來的煙灰、沒有用藍色筆跡畫下來的記號、沒有楓樹的葉子在書中夾著，而所有的只是沒割開的連頁。

所以，搜集書籍的方法似乎也變得俗陋了。明朝的徐謝寫過一篇〈舊硯台論〉的文章，暴露搜集古玩的俗陋，現在姚女士則引伸到搜集圖書的事。可見如果你只要說你的真意，世界上似乎不會沒有與你同感的人。王雲五利用於公共圖書館中很好，但是公共圖書館與一個窮學者的書齋有什麼關係呢？

我們必須有一個不同的原則，就如《浮生六記》的作者所指出的：「以大示小，以小示大；以假遇真，以真遇假。」這位作者所發表的意見，是關於一個窮士的房舍花園應當怎樣安排，也可以用在搜集書籍的方法上。如果你真能善用這個原則，你可以把一個窮士的書房，改變成宛如未經開發的大陸。

書籍絕對不分類。把書籍分類是一種科學，但是不去分類是一種藝術。你那五尺高的書架，應當別成一個小天地。必須把這本詩歌擱置在科學的文章之上，同時使一本偵探小說與其他文學著作並列。

這樣安排之後，一個五尺書架會變成搜羅廣博的架子。使你覺得有如天花亂墜。如果架上只有司馬光的一套《資治通鑑》，當你無心去看《資治通鑑》的時候，就變成一個空空如也的架子。

每個人都知道女人的美麗，是在她們予人一種莫名奇妙遍尋不著的感覺，古老的城市，如巴黎與維也納之所以耐人尋味，是因你在那裡住了十年以後，也不確知某一個小巷中會有什麼東西出現。一個圖書室亦是同樣的道理。

各種書籍都有它的特點，所以裝釘得也不相同。我從來不買《四部備要》或《四部叢刊》，就是為了這個緣故。買一部書的特點，一方面由書的外表上可以看得出來，一方面由購買時個別情況的不同，把他們不分類而自然的擺在架上。

當你要看王國維《宋元戰曲史》的時候，你會翻來翻去，不知究竟放在何處。在你找到以後，你是真正的「找到」了，不只是拿它下來到手。這時你已汗珠盈盈，好像一個得意的獵人一樣。

也許當你已發現它的所在，而去拿你要的第三卷時，卻發現它已不翼而飛。你站在那裡一時不知如何是好，回想你是否曾把它借給某人，於是長嘆一聲，好像一個小學生看見了一隻幾乎被他捉著的鳥，忽然又騰空飛去了。這樣一來，你的圖書室會常有一種玄妙不可捉摸的空氣存在。簡而言之，你的圖書室將會有女人隱約著的美麗，以及偉大城市的玄妙莫測。

幾年以前，我在清華大學有個同事，他有一個「圖書室」，其中只有一箱子半的書籍，但是都是由一至千的分類編成，用的是美國圖書協會的制度。

當我問他一本經濟歷史的書的時候，他很自傲的立時回答說：「書號是580.73A」，他有美國式的辦事效率，很自以為驕傲。他是一個真正的美國留學生，不過，我說這話的意思，並不是稱頌他的。

秋天的況味

秋天的黃昏，一人獨坐在沙發上抽煙，看煙頭灰白之下露出紅光，微微透露出暖氣，心頭的情緒便跟著那藍煙繚繞而上，一樣的輕鬆，一樣的自由。不轉眼，繚煙變成縷縷的細絲，慢慢不見了，而那霎時心上的情緒也跟著消沉於大千世界，所以也不講那時的情緒，而只講那時的情緒的況味。

待要再劃一根洋火，再點起那已點過三、四次的雪茄，卻因白灰已積得太多，點不著，乃輕輕一彈，煙灰靜悄悄的落在銅爐上，其靜寂如同我此時用毛筆寫在白紙上一樣，一點的聲息也沒有。於是再點起來，一口一口的吞雲吐霧，香氣撲鼻，宛如偎紅倚翠溫香在抱的情調。於是想到煙，想到這煙一般溫煦的熱氣，想到室中繚繞暗淡的煙霞，想到秋天的況味。

這時才憶起向來詩文上秋的含義，並不是這樣的，使人聯想的是蕭殺、是淒涼、是紅葉、是荒林、是萋草。然而秋卻有另一意味，沒有春天的陽氣勃勃，也沒有夏天的炎烈迫人，也不像冬天之全入於枯槁凋零。

我所愛的是秋林古氣磅礴氣象。有人以老氣橫秋罵人，可見是不懂得秋林古色之滋味。在四時中，我於秋是有偏愛的，所以不妨說說。秋是代表成熟，對於春天之明媚嬌豔，夏日之茂密濃深，都是過來人，不足為奇了，所以其色淡，葉多黃，有古色蒼蘢之概，不單以蔥翠爭榮了。

這是我所謂秋天的意味，大概我愛的不是晚秋，是初秋，那時暄氣出消，月正圓，蟹正肥，桂花皎潔，也未陷入凜冽蕭瑟氣態，這是最值得賞樂的。那時的溫和，如我煙上的紅灰，只是一般熏熟的溫香罷了。或如文人已擺脫下筆驚人的格調，而漸漸純熟煉達，宏毅堅實，其文讀來有深長意味。這就是莊子所謂「正得秋而萬寶成」的結實意義。

在人生上最享樂的就是這一類的事。比如酒以醇以老為佳，煙也有和烈之辨。雪茄之佳者，遠勝於香煙，因其氣味較和。倘是燒得得法，慢慢的吸完一枝，看那紅光炙發，有無窮的意味。鴉片吾不知，然看見人在煙燈上燒，聽那微微嗶剝的聲音，也覺得有一種詩意。

大概凡是古老，純熟，熏黃，熟練的事物，都使我得到同樣的愉快。如一隻熏黑的陶鍋，在烘爐上用慢火燉豬肉時所發出的鍋中徐吟的聲調，是使我感到同觀人燒大煙一樣的興趣。或如一本用過二十年而尚未破爛的字典，或是一張用了半世的書桌，或如看見街上一塊熏黑了老氣橫秋的招牌，或是看見書法大家蒼勁雄深的筆跡，都令人有相同的快樂。

人生世上如歲月之有四時，必須要經過這純熟時期，如女人發育健全遭遇安順的，亦必有一時徐娘半老的風韻，為二八佳人所絕不可及者。

使我最佩服的是鄧肯的佳句：「世人只會吟詠春天與戀愛。真無道理。須知秋天的景色，更華麗，更恢奇，而秋天的快樂有萬倍的雄壯，驚奇，都麗。我真可憐那些婦女識見偏狹，使她們錯過愛之秋天的宏大贈賜。」

若鄧肯者，可謂識趣之人。

我的戒煙

凡吸煙的人，大都曾在一時糊塗，發過宏願，立志戒煙，在相當期內與此煙魔，決一雌雄，到了十天半個月之後，才醒悟過來。我有一次也走入歧途，忽然高興戒煙起來，經過三個星期之久，才受良心責備，悔悟前非。我賭咒著，再不頹唐，再不失檢，要老老實實做吸煙的信徒，一直到老耄為止。

到那時期，也許會聽青年會、儉德會三姑六婆的妖言，把它戒絕，因為一人到此時候，總是神經薄弱，身不由己，難代負責。但是意志一日存在，是非一日明白時，絕不會再受誘惑。因為經過此次的教訓，我已十分明白，無端戒煙斷絕我們魂靈的清福，這是一件虧負自己而無益於人的不道德行為。

據英國生物化學名家夏爾登（Haldane）教授說，吸煙為人類有史以來最有影響於人類生活的四大發明之一。其餘三大發明之中，記得有一件是接猴腺青春不老之新術。此是題外不提。

在那三星期中，我是如何昏迷，如何的懦弱，明知於自己的心身有益的一根小小香煙，就沒有膽量，取來享用，說來真是一段醜史。此時事過境遷，回想起來，倒莫明何以那次昏迷一發發到三星期。

若把此三星期中之心理歷程細細敘述起來，真是罄竹難書。自然，第一樣，這戒煙的念頭根本就有點糊塗。為什麼人生在世要戒煙呢？這問題我也答不出。但是我們人類的行為，總常是沒有理由的。有時故意要做做不該做的事，有時處境太閒，無事可做，故意降大任於己身，苦其筋骨，餓其體膚，空乏其身，把自己的天性拂亂一下，預備做大丈夫罷。除去這個理由，我想不出當日何以想出這種下流的念頭。這實有點像陶侃之運甓，或是像現代人的健身運動——文人者無柴可剖，無水可汲，無車可拉，兩手在空中無目的的一上一下，為運動而運動，於社會工業之生產是毫無貢獻的。戒煙戒煙，大概就是賢人君子的健靈運動罷。

自然頭三天喉嚨口裡以至於氣管上部，似有一種怪難堪似癢非癢的感覺，這倒易辨。我吃薄荷糖喝鐵觀音含法國頂上的補喉糖片。三天之內便完全把那種怪癢克復消滅了。

這是戒煙歷程上之第一期，是純粹關於生理上的奮鬥，一點也不足為奇。凡以為戒煙之功夫只在這點的人，忘記吸菸乃魂靈上的事業；此一道理不懂，根本就不配談吸煙。過了三天，我才進了魂靈戰鬥之第二期。到此時，我始恍然明白世上吸煙之人，本有兩種，一種只是南郭先生之途以吸煙跟人湊熱鬧而已。

這些人之戒煙，是沒有第二期的，他們戒煙，毫不費力。據說，他們想不吸就不吸，名之為「堅強的志願」。

其實這種人何嘗吸煙？一人如能戒一癖好，如賣掉一件舊衣服，則其本非癖好可言。這種人吸煙，確是一種肢體上的工作，如刷牙，洗臉一類，可以刷，可以不刷，內心上沒有需要，魂靈上沒有意義的。這種人除了洗臉，吃飯，回家抱孩兒以外，心靈上是不會有所要求的。晚上同儉德會女會員的太太們看看伊索寓言也就安眠就寢了。辛稼軒之詞，王摩詰之詩，貝多芬之樂，王實甫之曲是與他們無關的。廬山瀑布還不是從上而下的流水而已？試問讀稼軒之詞，摩詰之詩而不吸煙，可乎？不可乎？

但是在真正懂得吸煙的人，戒煙確有一個問題，全非儉德會男女會員所能料到的。於我們這一派真正吸煙之徒，戒煙不到三日，其無意義，與待己之刻薄，就會浮現目前。理智與常識就要問：為什麼理由，政治上，社交上，道德上，生理上，或者心理上，一人不可吸煙，而故意要以自己的聰明埋沒，違背良心，戕賊天性，使我們不能達到心曠神怡的境地？

誰都知道，作文者必精力美滿，意到神飛，胸襟豁達，鋒發韻流，方有好文出現，讀書亦必能會神會意，胸中了無窒礙，神遊其間，方算是讀。此種心境不吸煙豈可辦到？在這興會之時，我們覺得伸手拿一枝煙乃唯一合理的行為；反是，把一塊牛皮糖塞入口裡，反為俗不可耐之勾當。我姑舉一兩件事為證。

我的朋友B君由北平來滬。我們不見面，已有三年了。在北平時，我們是晨昏時常過從的，夜間尤其是吸煙瞎談文學、哲學、現代美術以及如何改造人間宇宙的種種問題，現在他來了，我們正在家裡爐旁敘舊。所談的無非是在北平舊有的近況及世態的炎涼。每到妙處我總是心裡想伸一隻手去取一枝香煙，但是表面上卻只有立起而又坐下，或者換換姿勢。B君卻自自然然的一口一口的吞雲吐霧，似有不勝其樂之慨。我已告訴他，我戒菸了，所以也不好意思當場破戒，話雖如此，心坎裡只覺得不快，嗒然若有所失。我的神志是非常清楚的。每回B君高談闊論之下，我都能答一個「是」字，而實際上，卻恨不能同他一樣的興奮傾心而談。

這樣畸形的談了一兩小時，我始終不肯破戒，我的朋友就告別了。論「堅強的志願」與「毅力」我是凱旋勝利者，但是心坎裡卻只覺得怏怏不樂。過了幾天，B君途中來信，說我近來不同了，沒有以前的興奮，爽快，談吐也大不如前了，他說或者是上海的空氣太惡濁所致。到現在，我還是怨悔那夜不曾吸煙。

又有一夜，我們在開會，這會按例每星期一次，到時聚餐之後，有人讀論文，作為討論，通常總是一種吸煙大會。這回輪著C君讀論文，題目叫做宗教與革命，文中不少詼諧語。記得C君說馮玉祥是進了北派美以美會，蔣介石卻進了南派美以美會。有人便說如此則吳佩孚不久定進西派美以美會。在這種扯談之時，室內的煙氣一層一層的濃厚起來，正是暗香浮動奇思湧發之時。

詩人H君坐在中間，斜躺椅上正在學放煙圈一圈一圈的往上放出大概詩意也跟著一層一層上升，其態度之自若若有不足為外人道者只有我一人不吸煙覺得如獨居化外被放三危。這時戒煙越看越無意義了。我恍然覺悟，我太昏迷了。我追想搜索當初何以立志戒煙的理由，總搜尋不出一條理由來。

此後我的良心便時起不安，因為我想，思想之貴在乎興會之神感，但不吸煙之魂靈將何以興感起來？有一天下午，我去訪一位洋女士。女士坐在桌旁，一手吸煙，一手靠在膝上，上身微向外，頗有神致。我覺得醒悟之時到了，她拿煙盒請我。我慢慢的、鎮靜的，從煙盒中取出一枝來，知道從此一舉，我又得道了。我回來，即刻叫茶房去買一盒白錫包。在我書桌的右端有一焦跡，是我放煙的地方。因為吸煙很少停止，所以我在旁刻一銘曰「惜陰池」。我本來打算大約要七八年才能將這二英寸厚的桌面燒透。而在立志戒煙之時，惋惜這「惜陰池」深只有半生丁米突而已。所以這回重複安放香煙時，心上非常快活。因為雖然尚有遠大的前途，卻可以日日進行不懈。後來因搬屋，書房小，書桌只好賣出，「惜陰池」遂不見。此為余生平第一恨事。

記紐約釣魚

紐約處大西洋之濱，魚很多，釣魚為樂的人亦自不少。長島上便有羊頭塢，幾十條漁船，專載搭客赴大洋附近各處釣魚。春季一來，釣客漸多。今天是立春，此去又可常去釣魚了。

到了夏季七、八月間，藍魚止盛，可以通夜釣魚。每逢星期日，海面可有百數十條船，環顧三、五里內，盡是漁艇。在夜色蒼茫之下，燈火澈亮，倒似另一世界。記得一晚，是九月初，藍魚已少，但特別大。我與小女雙如夜釣，晨四點回家，帶了兩條大魚，一條裝一布袋，長三尺餘，看來像兩把洋傘，驚醒了我內人。

紐約魚多，中國寓公也多，但是兩者不發生關係。想起漁樵之樂，中國文人畫家每常樂道，像風景畫，係自外觀之，文人並不釣魚。惠施與莊子觀魚之樂，只是觀而已。中國不是沒有魚可釣，也不是沒有釣魚的人，不過文人不釣罷了，真正上山砍木打柴的樵夫，大概寒山拾得之流，才做得到。文人方丈便不肯為。陶侃運甓，那才是真正的健身運動。陶淵明肩耡戴月，晨露霑衣，大概是真的，他可曾釣過魚，然傳無明文。赤壁大概鰣魚很多而味美，東坡住黃州四年，可以釣而不釣，住惠州，住瓊州，也都可以釣，而未嘗言釣，不然定可見於詩文。不知是戒殺生，或是怎樣。大概文人只站在岸上林下觀釣而已。像陸放翁那種身體，力能在雪中搏虎，可以釣，而不釣，他的遊湖方式，是帶個情人上船，烹茗看詩看情人為樂，而不以漁為樂。

歷史上想想，只有姜太公釣魚，及嚴子陵富春江的釣臺近似。姜太公是神話，嚴子陵釣臺離水百尺以上，除非兩千年來滄海已變，釣臺也只是傳說而已。王荊公在神宗面前，把一盤魚餌當點心吃光，此人假痴假呆，我不大相信。韓愈是釣魚的。記得東坡笑韓退之釣不到大魚，想換地方，還是釣不到。這是東坡從惠州又徙瓊州，立身安命自慰的話。其實韓愈也不行。今日華山有一危崖，是遊人要到北峰必經之路，路五、六尺寬，兩邊下去都是深豁千丈，這地方就叫做「韓愈大哭處」。後來畢沅做陝督，登華山，不敢下來，又無別路，還是令人把酒灌醉，然後用毛毯把他捲起抬下來。文人總是如此。

相傳李鴻章遊倫敦，有一回，英國紳士請他看賽足球，李氏問：「那些漢子，把球踢來踢去，什麼意思？」英國人說：「這是比賽，而且他們不是漢子，而是紳士。」李氏搖搖頭說：「這麼大熱天，為什麼不僱些傭人去踢，為什麼要自己來？」這可說明文人不釣魚的原因。臺灣教育，有「惡性補習」，害人子弟。當局若不趕緊設法救濟，將來國內後生，也絕不敢釣魚，最多觀釣而已。

我想女子無才便是德，有德便無才，文人不出汗，出汗非文人，這也是古人所謂天經地義之一。

其實不然。垂釣並不必出汗，而其所以可樂，是因釣魚常在湖山勝地，林泉溪澗之間，可以摒開俗務，怡然自得，歸復大自然，得身心之益。足球棒球之類，還是太近城市罷，而還是人與人之鬥爭。

英國十七世紀釣魚名著 The Ccmpleat Angler, by I. Waltom 列入文學，是能寫到釣魚時林澗之美，自然之妙。其書名又為 The Contemplative Man's Recreation，意思是釣魚是好學深思的人的娛樂。所以釣魚與煙斗的妙用，差不多相同（Thackerayt 稱煙斗，也說能發人深思）。

在靜逸的環境中，口含煙斗，手拿釣竿，滌盡煩瑣與自然景色相對。此種環境可以發人深省，追究人生意味，恍然人世之熙熙，是是非非，舍本逐末，輕重顛

倒，未嘗可了，未嘗不欲了，而終不可了。在此剎那，野鳥亂啼，古木垂蔭，此

「觸袖野花多自舞，避人幽鳥不成啼」之時也。頑石嶙峋，魚蝦撲跳，各自有其生命，而各自有其境界，思我自白駒過隙，而彼樹也石也，萬古常存，此「野花遮眼淚沾襟」之時也。

凡人在世，俗物羈身，有終身不能脫，不想脫者。由是耳目濡染愈深，胸懷愈隘，而人品愈卑，有時看看莊子，是好的。接近大自然，是更好的。陸龜盟書李賀小傳後，講唐詩人孟郊廢弛職務，日與自然接近，寫得最有意思：「孟東野貞元中以前秀才，家貧，受溧陽尉。……南五里有投金瀨。艸木甚盛，率多大櫟，合數大抱，蘩蔭蒙翳，如塢如洞。地窪下，積水如洳，深處可活魚鱉輩。大抵幽邃岑寂，氣候古澹可喜。除里民樵罩外無入者，東野得之忘歸。或比日，或間日，乘驢，後小吏，經（逕）驀投金渚一往，至得蔭大櫟，隱嵒蔭坐於積水之傍，吟到日西還。」後來因此丟了差事。此孟東野所以成為詩人。

孟東野、李長吉都是如此。黃大痴也是如此。人生必有痴，而後有成。痴各不同，或痴於財，或痴於祿，或痴於情，或詠於漁。各行其是，皆無不可。

我最愛張君壽一首詠一對討漁夫婦的詩：

郎提魚網截江圍，
妾把長竿守釣磯；
滿載鲂魚都換酒，
輕煙細雨又空歸。

人生到此，夫又何來？

國文講話

國文是中國人的文章之省，自中國人言之，不必說中國二字，大家已可了解。這樣講，國文二字所以與他國蟹行文字別，與國醫，國罵，國食義重在國字同，所以怎樣才像中國人的文章，便就是國文，反之便不是國文。比如馮玉祥從前通電，罵吳稚暉為「蒼髯老賊，皓首匹夫。」我們便覺得這不是國文，因為太不像中國人的說話，不合中國通電體裁。張學良下野通電，「有生之日，即報國之年。」我們讀來，很像中國人的話，便是得體國文。

嘗謂中文之所謂「通」，便是西文之所謂diomatic。通非通，乃合語言習慣問題，而非文法問題。凡合中國語法，或語言習慣者皆謂之通。例如春秋「夏，享公」，雖無主詞，然既合語言習慣，便可謂之通。又如魏國公太師秦檜割地通和時，作一篇赦河南州軍文，末述大金功德，兀突認為國文不通。檜乃令程克俊為文曰：「上穹悔禍，副生靈願治之心，大國行仁，遂子道事親之孝，可謂非常之盛事，敢忘莫報之深恩……。」於是兀突認為這是很通的國文，因為曰仁曰孝，曰盛事，曰深恩，都很合中國語言習慣。

一國文字，為一國文化精英所寄託，所以各能表現其不同的民族精神。在中國，因為特別關係，讀書成為特種階級的專利，所以文章益趨巧妙，而所謂文章之含義，尤為特別。大概有黼黻文章之意，有條理，有文彩的，才稱為文。故文章二字，惟中國有之，西文Belles Lettres 去文章之義尚遠。比如「不抵抗」便是白話，「長期抵抗」便有文彩，是文章；「不攘外」便是白話，「先安內」便有文彩，是文章。這種國文都是蟹行文字所無。至於武人忽然想起打仗，亦必「師出有名」，或弔民，或伐罪，當出師表做好時，如能文從字順，辭達義安，文人便大家爭相傳誦道好。所不懂及受愚者，惟一些不知文章義法的平民而已！

茲舉國文作法須知三點：

（一）曲達　孟子言辭達而已，自為文章正宗，千古不易。然此僅可為賢聖上智言之。因為達固妙，然吾輩既非賢聖，所欲達之言，也許平平而已，故僅達不能為文，必須加以文彩。於是荀子進一步，主張「曲得所謂」。非相篇說：「君子之於言無厭，鄙夫反是，好其實不恤其文，是以終身不免埤污傭俗。」如墨子之徒，所作之文，便是好其實不恤其文，不恤其文，所以是是非非明，是是非非明，便無曲得所謂之妙，所以終身為鄙夫，鄙夫是不能作「深文周納」的文章的。

（二）吞吐　野蠻人打仗，擒一個，吃一個，向無所謂欲擒故縱，於是永遠享不到七擒孟獲的榮耀。在打仗之擒拿術，便是在文章上之吞吐術。上引馮玉祥含血噴人鋒芒太露的話，論者以為欠涵養，馮氏至此吃其虧，乃不知吞吐所致，盡言招過，古有明訓，故善行文者必不盡言，留個半截，為將來見面餘地。故行文須多用「然而」，「則亦」，「假如」，「亦可」等字樣。詩曰：「左之左之，君子宜之，右之右之，君子有之。」如此左宜右有，將來享用無窮，是為君子。

（三）輕鬆　行文忌急，忌露，忌衝口而出，上端已經言之。然勿急勿露，必先治心養性，讀萬卷書，胸懷豁達，是謂之涵養。言者心聲而已，所以要做中國人文章，必先有中國人心地。故行文者首須養生，飼鵝種菊，觀雲賞月，心地輕鬆，然後自我觀之，世事如浮雲，收回東北固好，奉送四省亦無妨。至此境界，然後輕舒皓腕，聊搦管城，於拇指與中指之間，不疾不遲，不重不輕，靠毛筆與白紙之接觸，靜悄悄的一字一字寫出，如隔岸觀火，評論是非，辯而不爭，察而不激，不左不右，毋適，毋必，似戰似和，亦晴亦雨，左派讀之雖悲壯，右派讀之亦溫和，再引一兩句王陽明「治心」做點綴，也就十分古雅。

三法：「曲達」又可稱烘雲托月法，「吞吐」又可稱龍翻鳳舞法，「輕鬆」又可稱隔岸觀火法。三法工夫煉到，便成中國文人。

裸體主義

有人告訴我，裸體主義已經在美國流行了，讓它流行吧！我並不覺得怎麼樣，因為我有生以來，就是個裸體者，只是自己沒發覺罷了。

首先，你要了解，我是個有理性的裸體主義者，反對那些打高空或具有宗教性狂熱的裸體主義者；就如同我是合理的素食者，而非因宗教的狂熱。像所有的中國人一樣，我採中庸之道，亦即在某種時間與其種環境下，才實施裸體，例如，在浴盆兒裏的時候。

我可以坦白的告訴你，當一個人泡在浴盆裏時，才會感覺得出裸體的美；當時，要是只有幾隻麻雀或是一、兩根樹梢，躲在浴室窗口外的時候，我建議你乾脆把窗戶大開，讓寒冷的空氣與皮膚接觸，然後仔細觀察，皮膚在冷空氣中如何起雞皮疙瘩，然後漸漸擴散，以至復元，並在日光的照射下，滲出一點天然的油來。這種觀察與體驗，是相當有意義而且有趣，不過，我指的可是限定在浴室。

我相信，只要是健全而又正常的人都會承認，如果每天把自己關在一間風吹不到，人看不見，而又有陽光的房間，脫光衣服，享受十五分鐘的日光浴，那將對身體有極大的幫助！

所以，我鼓吹大家跟我一樣，成為真實，敏捷而又有理性的裸體主義者。

如果說，有時間與環境的限制，那麼真正的裸體主義者便與暴露狂之間，就有極為明顯的區別；這好比一個人獨個兒在山頂上，向宇宙主宰上帝禱告，與在教堂上替眾人向上帝祈求，便有了分別。中個人要是純粹為了裸體而裸體，那是他個人的享受；另一種人便是為了向別人表示自己不以裸體為然。於是裸著身子大聲宣布：「你們看，我敢耶！」

這區心理的差別，存在於人生的各方面，譬如：

一個人在家裏愛他的妻子（或丈夫），與在大庭廣眾下猛叫他（她）為心肝；在自己的臥室裏承認自己的過錯，與在牛津重要派對中，招認自己童年時曾做過小偷（自然不會道出他剛才騙了別人五千元）；黃昏的小巷中，把一塊錢送給了美麗的女乞丐，與在慈善舞會中，作一長篇大論的演講；為自己的喜好而騎馬，與身著濃裝，臉艷抹，手戴金鑽，耳掛珠的騎馬，都各有其不同之別。

這一切，我都以為很自然，事實上在每一階層裏，都一定有誠實的教徒、愛妻者、慈悲者，以及真正的騎馬者，而其他的，就是暴露狂。

換言之，我是個誠實的裸體主義者，因為我喜愛一個人獨處時裸體，我不想把它所有的好處全拿出來說明，但首先要請你明白的，卻是：人只是一種動物。

假如你願意，你可以細聽自己心跳的聲音；假如你願意，你可以觀察自己血液流動的情形，這要比你讀破萬卷哲學書，還更能認識人類生命的奧妙與真實。

要知道，生活上的一切事務，全依賴著我們這具自修自理的身體，所以，照顧它是絕對需要的。裸體，可以避免衣服妨礙肌肉的活動，難道你不覺得，裸體時彎著膝蓋，是多麼自由啊！你也可以自己一個人在房裏裸奔，這會享受到絕對自由的快感，不過我得隨時留意不被傭人看到。

假如一個人的皮膚十分健康，那麼他裸體睡覺的時候，也會有一種快感，就像滿洲人為了「經濟」的觀點而裸睡一樣，的確，當皮膚與清新而又乾淨的被褥相摩擦時，那是種愉快的感覺。

所有的醫生都會告訴你，皮膚是人體首要的排洩機能之一，而且還是一具自動消毒的有機體。假如一個人為了穿西裝，而必需用一件緊身的內衣包住，以至於阻礙了一切排洩作用的話，那麼他每天至少要抽出幾分鐘來，讓身體在自然狀態下恢復原形，尤其是在有陽光與新鮮空氣的地方。

但要是從審美的觀點來看，如果沒有特殊的因素，我是極端反對將身體暴露在大庭廣眾之前。因為，即使詩人不知道，藝術家也一定知道，這世界上具有十全十美身材的人實在太少了。

一位漂亮的婦女，她也許有一副誘人的體態，但卻有兩條瘦巴巴的痲雀腿，或一雙不合比例的腳丫子。一般人都會堅決的確信，人體看起來都很美的，但是我建議你，夏天時不妨到海灘去看看，任何一個視覺靈敏的人，都會嘆氣的。

就拿一家人來說，他將會看到：十三歲的蘇珊太小了；蓓蒂的屁股太肥了；凱蒂的胸部太鬆垮了；柯特莉亞姑婆則……；而禿了頭、戴著眼鏡的喬治叔叔再怎麼裸也不美觀！這一家人中，也許只有朱麗葉最符理想，就像中國人所描寫的，加一分太肥，減一分太瘦的恰到好處。然而，全世界到底有多少人是恰到好處的呢？又有多少人在他們青春消逝後，仍能保持那份恰到好處呢？

所以，常久不變的追求裸體，只有在男女盲目於自己醜惡的社會裏才能忍受。如果，這種裸體能延續不斷，那就是我們審美觀點的衰敗了。到那個時候，人體的美，將與非洲森林裏的裸體土人的標準一樣，而一般人的身體，也不過是像一隻猴子，或是像餵得太肥的馬。

其實，人都是靠衣裝的，衣服會使得上校更像上校，銀行家更像銀行家，要是把他們的衣服剝了，那就什麼都不是了，這也難怪當他們在家裏脫光衣服的時候，會讓他們的妻子輕視的原因。如果我們也把那些參加國際會議代表們的衣服剝光，那我們也就可以洞察，現代世界之所以混亂，是因為有猴子和肥馬在當政。

我敢斷言，在一個傳統裸體主義為人尊敬的社會裏，所有的女人都渴望用一塊布頭，來遮蔽上帝創造她們時忘了填補的地方。你只要想一想，有多少女子在裸體的世界裏戴了奶罩，或者胸衣好增加她的美感呢？

無怪乎裸體共和國的格倫悌夫人會感慨的說：「現在年輕的婦女們也真太無法無天了，有一天，她們會把圍在臂部周圍的那一尺長的布條加長，甚至把膝蓋也藏起來。你知道，這些年輕的女人，竟敢這麼做的，真無恥！」

那時候，男人們將會傾心於奶罩，醉倒於襯裙了！

因此我要說，假如裸體主義要來，就讓它來吧！沒什麼好妨害的，我敢十二萬分的確信，人類對於美的感覺，並沒有完全轉移到狗的身上去，反而懂得將過度的行為加以阻止。

平常我對別人的道德，並不加注意，但這一篇卻是我從未寫過的最莊重、最嚴肅的文章了。

女人統治世界

有一位美國婦女想出了一個絕妙的主意，她認為男人既然把世界搞得一團糟，何不讓女人來統治呢?!

好得很，站在男人的立場，我舉雙手贊成。我實在懶得再去管「統治世界」這檔子事，如果有人願意來承擔這個擔子，我馬上退讓，也可以乘機去休假，因為我完全失敗了，我是沒有資格再統治世界了。我想，只要是頭腦清楚的男人，一定也會同意我的看法；如果塔斯馬尼亞島（在澳洲南方）的土人想要統治世界的話，我是情願拱手奉上，只不過我想，他們不會喜歡的。

我以為凡是頭戴王冠的人，都會寢食難安，男人都有這種感覺。據說，我們男人是自己命運的主宰，也是世界命運的主宰，更是自己靈魂的執行人，也是世界命脈的執行人，好比政治家、政客、市長、法官、戲院老闆、糖果店主人，甚至廚師……等等職位，都是男人所佔有。可是，實際上我們並不喜歡做這種事。

哥倫比亞大學心理學教授說，男女之間真正分工合作的是，男人去賺錢，女人去花錢。因此，我非常贊成將這種情形改變一下，讓女人勤勞的在船塢、工廠、屠宰場工作，或是在辦公室、會議廳爭辯個妳死我活；同時，我們男人卻可以穿著花俏輕鬆的便服，出去打牌、逛街，等著那親愛的下班回家，帶我們去看電影。

這就是我所說的：絕妙的主意。

除去這些自私的理由外，我們男人還應當反省，要是女人真的願意統治世界，一定不會比男人差，那麼當她們開口要試一試的時候，我們何不誠懇的承認自己失敗，而讓她們來統治呢？

女人辛辛苦苦的養育子女，而我們男人卻不斷的去製造戰爭，讓她們栽培出來的優秀青年，在戰場上送死！這是多麼令人驚訝，且又無法挽回的事啊！事實上，男人生來就是如此，我們總要打仗，而女人的戰爭，只不過是相互拉扯一番，頂多頭破血流，只要不破傷風，又算得了什麼呢？

女人動動指甲就滿足了，男人卻要拿機關槍；又有人說，男人只要喜歡聽鼓樂隊演奏，戰爭就無法停止。說的也是，我們是無法抗拒鼓樂隊，但假如我們也被允許坐在家裏休息，聽聽幽雅的音樂，最好是蕭邦的曲子，那麼你想我們還會去打仗嗎?所以，女人真想要統治世界的話，我會告訴她們：「如果想打仗的話，妳們自個兒去吧！」

那個時候，世界上就不會有機關槍出現，天下當然也就太平啦！

經濟會議失敗了，裁軍會議也失敗了，這是男人應當引以為恥的。我們都知道，應該集思廣義的來研究如何停止戰爭，計劃和平通商的辦法，但是我們做過什麼呢?我們不找愛因斯坦或羅素這種極富思想的人，去參加會議，而把決定留給了所謂的「專家」；於是我們派軍事專家、海軍專家，去參加裁軍會議，其實這些人樂於屠殺而不喜愛和平，試問：會議怎能不失敗呢?!

還有，我們也曾試圖挽回經濟不景氣，並推廣世界性貿易，但是我們又做過什麼?我們派出去參加經濟會議的人，都是些主張關稅存在的經濟學教授、統計學者、財經專家，試問，會議又怎能不敗呢?!

這種徒勞無功的作法，就好像不去請教作家，而一味的召開文法專家的會議，想把英文變得更簡單些，但殊不知，文法專家們最愛幹的勾當就是，複雜的動詞變化表。

現在我什麼都不管了，只要女人說她要試一試，我就立刻對她說：「去試吧！

願上帝保佑妳，妳不會做得比我差。」

然後，我馬上辭職，將治世的權柄交給男人的另一半，如界身邊還有餘款，那我就要隱居到南洋群島或非洲森林裏。如果有一天，世界變得大波軒然的話，我就可以安坐在非洲森林的樹枝上，向自己大聲的說：

「天啊！至少我是誠實而無自欺的呀！」

論言論自由

一、論人與獸之不同

今天所演講的是言論自由，所以我也想在此地自由言論。諸位知道這是不可能的事。凡一人聲明要言論自由暢所欲言時，旁人必捏一把冷汗。假使那人果然將他心裡的感想或是對親友鄰居的意見和盤托出，必為社會所不容。社會之存在，都是靠多少言論的虛飾、扯謊。我們所求的不過是有時隨時虛飾及說實話的自由而已。

語言向來是人的專長，鳥類所知道的只有飢渴、痛吼等表示本能需要的號呼而已。如馬鳴、牛嘶、虎嘯都不出於這本能需要的範圍。所以老虎吃人，只會狂吼為樂，卻不會說：「我吃你，是因為你危害民國。」這是人與獸之不同，所以何藝樵主席反對現代小學課本裡那種「鵝姊姊說，狗弟弟說」等文字，我十分同情〈伊索寓言〉一書，專門替鳥獸造錯、謗毀獸類與人類依樣的奸詐。假定鳥類能讀這種故事，牠們也不會懂得。比方狐狸看見樹上葡萄吃不著，只有走開，絕不會無聊地罵酸葡萄。惟有人類才有這樣的聰明，因為鳥獸沒有語言，所以也沒有名，遂也沒有正名哲學。因此，假定狐狸要強迫農民種鴉片，也必不會正勒種鴉片捐之名為「懶捐」。如果會，這狐狸便不老實了。

二、論喊痛的自由

我們須知，人類雖有其語言，卻比禽獸不自由得多。蕭伯納過濾時說，唯一有價值的自由，是受壓迫者喊痛之自由，乃改造壓迫環境之自由。我們所需要的，正是喊痛的自由，並非說話的自由。

人類說的話真不少，卻很少能喊痛。因為人的語言已經過於纖巧曲折，所以很少能直截了當表示我們本能的需要。這也是人與獸的一點不同。譬如貓叫春是非常自由，而很有魄力的。中國百姓卻不然。他痛時只會回家咒罵，而且怕人家聽見。

有人以為做人只須說話，毋須喊痛，我卻不以為然。又有人以為民生比民權重要，現在中國內地的百姓已經活不了，還談什麼民權？其實不然，活不了時也得喊一聲，才有鳥獸的身分，否則只有死之一路。

這種喊痛的自由才是與我們的生活有關係的，比什麼哲學理論都好。從前于右任先生等黨國先進如辦的民吁、民呼報，意思就是為民喊痛。不過民吁、民呼，總是悲痛不雅之音，不會悅耳，所以做官的人所願聽的不是民吁、民呼，而是民讚、民頌。

三、言論係討厭的東西

中國向有名言道：「病從口入，禍從口出」，又謂「知人祕事者不祥」，又謂「防民之口甚於防川」。由此可以推知言論是討厭的東西，豈容你自由?所以好言人是非者，人家必罵為「狗嘴吐不出象牙」。只有稱讚、頌揚人的，人人才會喜歡。政府所喜歡的也是守口如瓶的順民，並非好喊痛的百姓。比如此刻有偵探在座，必認為林某人討厭，而守口如瓶之諸位是比我好的國民。不過天生人有口，就是要發言論，若大家都守口如瓶，結果必變成一個悶葫蘆。

我們須知，言論自由是舶來思想，非真正國產。因為言論自由與「守口如瓶，莫談國事」的寶訓是不兩立的。在中國的經書及傳說中，個人找不到言論自由說。惟有一條，稍微准許言論自由，這就是我國一句格言，叫做「笑罵由他笑罵，好官我自為之。」不過這與言論自由說稍微不同。因為罵不痛時，你可儘管笑罵，罵得痛時，「好官」會把你槍斃。

四、民之自由與官之自由

因為言論是討厭的東西，所以自己要說話而防別人說話，是人的天性。結果在德模克拉西未實現的國，誰的巴掌大，誰便有言論自由，可把別人封嘴。所以中國說話自由的，只有官，因為中國官的巴掌比民的巴掌大。如「敬告中國民眾」、提倡孔孟班禪、做國歌、發通電，都是官說話的自由。我們願意聽也得聽，不願意聽也得聽。

然而我們現在提倡的，是在法律範圍之內，官民都有同等的自由，這就討厭了。我們須明白，百姓自由，官便不自由；官自由，百姓便不自由。百姓言論可以自由，官僚便不能自由封閉報館；百姓生命可以自由，官僚便不能自由逮捕扣留人民。所以民的自由與官的自由成正面的衝突。民權保障、同盟提倡民權必為官僚所討厭，而且民權保障愈認真，討厭之程度愈大，這是大家必須徹底了悟的。

諸位須徹底覺悟，愛自由是人類的通性。官民一律。假定我是官，我也必愛任意殺頭的自由。從前吾鄉張毅師長頭痛或不樂時，就開一條子，即由監獄中隨便提出一、兩個犯人槍斃，醫他的頭痛，這是多麼痛快的事。現在張毅已死了，所以我報告此事，十分安全。

五、論魏忠賢所以勝利

話雖如此，百姓未免太苦了。所以我們必需求民權保障。中國自來也有耿直敢言的書生，如東漢之清談及明末的東林黨人。但是因為沒有法律保障，所以不久便失敗。

東林黨人雖聯合疏劾魏忠賢，魏忠賢只須在皇帝面前一哭，便可把東林黨人罷免處置。中國的精神文明也只到此田地而已。忠直之士到底死於宦官之手，東漢如此，明末也如此，明末就有人比東林黨人，如宋朝宋江等一〇八淮南盜賊。黨人倒後，便有宦官黨崔呈秀等起而代之，時人稱為「五虎十五彪十狗十孩兒四十孫兒」。然而，黨人結於靈亡，而虎、彪、狗、孝子、順孫終於勝利了。因為中國向來沒有人權的保障。

我們須知筆端、舌端如果一樣可以殺人（口誅筆伐），總沒有槍端利害。在筆端與槍端交鋒之時，定然是槍端勝利，而筆端受宰割。所謂人權保障、言論自由，就是叫筆端、舌端可以不受槍端的干涉，也就是文人與武人之舉。論理文人應該聯合戰線，要求筆鋒、舌鋒自由的保障。然而事實上，文人政客未必擁護言論自由，因為文人已經投降於武人的麾下，自己站在槍桿後面，對照的是槍頭，並不是槍口，所以也不覺得爭言論自由重要了。這是歷史上數見不鮮的事實。

六、論商女所以必唱後庭花的理由

中國今日的最大弱點，誰也知道是國民漠視國事，如一盤散沙。須知各人自掃門前雪的態度，並非國民的天性，乃因不得人權保障，法律不能保護人，所以人人不得不守口如瓶以自保。

中國青年誰沒有一腔熱血，誰沒有在注意政治時局。但是到了廿五、三十年紀，人人學乖了，就少發議論，少發感慨。四十者比三十者更乖。所以如此者，是從經驗得來，並非其固定的本性。

假定今日有人權保障，國民必有另一番氣象。以歷史為證，東漢太學生也都關心國事、尚氣節、遇事直言。到了黨錮的摧殘，而直言之士殺戮幾百、剷家滅族以後，風氣便大不同。

因而有魏晉清談之風，讀書人談不得國事，只好走入樂天主義，以放肆狂悖相效率。有的佯狂、有的飲酒，如阮籍飲酒二斗，吐血三升，天下稱賢。所謂賢，就是聰明，因為能在不許談國事之時談私事，縱欲以求人生之快。

這是人權被剝奪時社會必有的反應，古今同然。今日跳舞場生意之旺盛，就是人民被壓迫，相戒莫談國事，走入樂天主義的合理的現象。商女雖然也知亡國恨，但是既然不許開抗日會，總有時候，也會感覺須唱唱〈後庭花〉解悶的需要……

論夢想

有人說，不滿足是神聖的。我十分相信不滿足是人性的。猴子是第一種陰沉的動物，因為在動物群中，我只看見黑猩猩有一個真正憂鬱的臉孔。我常常覺得這種動物是哲學家，因為憂鬱和沉思是很接近的，這種臉孔上有一種表情，使我知道牠是在思想。

牛似乎不思想，至少牠們似乎不在推究哲理，因為牠們看起來是那麼滿足。雖然象也許會懷著盛怒，可是牠們不斷擺動鼻的動作，似乎代替了思想，而把胸懷中的一切不滿足拋開。只有猴子能夠露出徹底討厭生命的表情，猴子真偉大啊！

歸根結柢說來，哲學也許是由討厭的感覺開始的。無論如何，人類的特徵便是懷著一種追求理想的冀望，憂鬱的、模糊的、沉思的冀望。人類住在一個現實的世界裏，還有夢想另一個世界的能力和傾向。

人類和猴子的差異，也許是在猴子僅僅覺得討厭無聊，而人類除了討厭無聊的感覺之外，還有想像力。

我們大家都有一種脫離常軌的欲望，我們大家都希望變成另一種人物，我們大家都有夢想。兵卒夢想做伍長，伍長夢想做大尉，大尉夢想做少校或上校。一個有志氣的上校，是不把做上校當作一回事的。用較文雅的詞語說起來，他僅僅稱之為服務人群的一個機會而已。事實上，這種工作沒有什麼別的意義。

老實說，瓊・克羅馥（Joan Crawfard）不像世人那麼注意瓊・克羅馥，珍妮・蓋諾（Janet Gaynor）不像世人那麼注意珍妮・蓋諾。

世人對一切偉大說：「他們不是很偉大嗎？」如果那些偉大且真正是偉大的，他們總會反問：「什麼是偉大呢？」所以，這個世界很像一間照單點菜的餐館，在那邊，每個顧客以為鄰桌的顧客所點的菜餚，比自己所點的更美、更好吃。

一位現代中國大學教授說過一句諧語：「老婆別人的好，文章自己的好。」因此，以這種意義說起來，世間沒有一個人感到滿足，大家都想做另一個人，只要這另一個人不是他自己。

這種人類的特性，無疑地是由於我們有想像力的力量和夢想的才能。一個人的想像力越大，便越不能感到滿足。所以一個有想像力的孩子，往往比較難於教養，他比較常常向猴子那樣陰沉、憂鬱，而不像牛那樣快樂、滿足。

同時，離婚的事件在理想主義和較有想像力的人們當中，一定比在無想像力的人們當中更多。理想的終身伴侶的幻象會產生一種不可抵抗的力量，這種力量在比較缺乏想像和理想的人們當中，是永遠感覺不到的。

在大體上來說，人類被這思想的力量有時引入歧途、有時輔導上進；可是人類的進步，是絕對不能缺乏這種想像力的。

我們曉得人類有志向和抱負。有這種東西是值得稱許的，因為志向和抱負通常都被稱為「高尚」的東西。

為什麼可以稱之為「高尚」的東西呢？因無論是個人或國家，我們都有夢想，而且多少都依照我們的夢想去行事。有些人比別人多做了一些夢，正如每個家庭裏都有一個夢想較多的孩子，而且或許也有一個夢想較少的孩子。

我得供認，我暗中是比較喜歡那個有夢想的孩子的。他通常是個比較憂鬱的孩子，可是那沒有關係，他有時也會享受到更大的歡樂、興奮和狂喜。

因為我覺得，我們的構造跟無線電收音機一樣，不過我們所收到的不是空中的音樂，而是觀念和思想。有些反應比較靈敏的收音機，能收到其他收音機所收不到的更美妙的短波，為什麼呢？當然是因為那些更遠、更細的音樂，較不容易收到，所以更是寶貴啦！

而且，我們年幼時代的那些夢想，並不像我們所想像的那麼沒有真實性。這些夢想不知怎樣，總是和我們終生同在著。

因次，如果我可以自選做世界任何作家的話，我是情願做安徒生（Hans Christian Anderson）的，能夠寫〈美人魚〉（The Mermaid）的故事，或做那美人魚，想著那美人魚的思想，可望長大的時候到水面上來，真是人類所能感覺到的最深沉、最美妙的音樂。

所以，一個孩子無論是在屋頂小閣上，或在穀倉裏，或躺在水邊，總是在夢想，而這些夢想是真實的。

愛迪生夢想過。史蒂文生（Robert Louis Stevenson）夢想過。司考特（Sir Walter Scott）夢想過。這三個人都在幼年時代夢想過。這種魔術的夢想，織成了我們所看見的最優良、最美麗的織物。

可是較不偉大的小孩子，也曾有過這些夢想的一部分。如果他們夢想中的幻象或內容各不相同，他們所感覺到的快樂是一樣大的。每個小孩子都有一個含著思慕和切望的靈魂，懷抱著一個熱望去睡覺，希望在清晨醒來的時候，發現他的夢想變成事實。他不把這些夢想告訴人家，因為這些夢想是他自己的，所以它們是他的最內在的、正在生長的自我的一部分。

有些小孩子的夢想比別人更加清晰，而且他們也有一種使夢想實現的力量；在另一方面，當我們年紀較大的時候，我們把那些較不明晰的夢想忘掉了；我們一生想把我們年幼時代那些夢想說出來，可是——有時，我們還沒有找到所要說的話的時候已經死了。

國家也是這樣。國家有其夢想，這種夢想的回憶經過了許多年代和世紀之後，依然存在著。有些夢想是高尚的，還有一些夢想是醜惡的、卑鄙的。

征服的夢想，和比其他各國更強大的一類夢想；始終是惡夢，這種國家往往比那些有著較和平夢想的國家憂慮更多。

可是還有其他更好的夢想，夢想著一個較好的世界、夢想著和平、夢想著各國和睦相處、夢想著較少的殘酷、較少的不公平、較少的貧窮，和較少的痛苦。

惡夢會破壞人類的好夢，這些好夢和惡夢之間發生著鬥爭和苦戰。人們為他們的夢想而鬥爭，正如他們為他們塵世的財產而鬥爭一樣，於是夢想由幻象的世界走進了現實的世界，而變成我們生命中一個真實的力量。

夢想無論多麼模糊，總會潛藏起來，使我們的心境永遠得不到寧靜，直到這些夢想變成現實的事情，像種子在地下萌芽，一定會伸出地面來尋找陽光。夢想是很「真實」的東西。

我們也有產生混亂的夢想和不與現實相符的夢想的危險。因為夢想也是逃避的方法，一個做夢者常常夢想逃避這個世界，可是不知道要逃到哪裡去。知更鳥往往引動浪漫主義者的空想。

我們人類有一種強烈的欲望，想和今日的我們不同，想離開現在的常軌，因此任何可以促成變遷的事物，對一般人往往有一種偉大的誘力。戰爭總是有吸引力的，因為它使一個城市裏的事務員有機會可以穿起軍服、扎起綁腿布，有機會可以免費旅行。同時，休戰或和平對在戰壕裡渡過三、四年生活的人，總是很需要的。因為它使一個士兵有機會可以回家，可以再穿起平民的衣服，可以再打上一條紅色的領帶。

人類顯然是需要這種興奮的，如果世界要避免戰爭的話，各國政府最好實行一種徵兵制度，每隔十年便募集二十歲至四十五歲的人一次，送他們到歐洲大陸去旅行，去參觀博覽會之類盛會。英國政府正在動用五十萬英鎊去實現重整軍備的計畫，這筆款子足夠送每個英國國民到里維埃拉（Riviera）（編按：法國東南地中海邊之名勝區）去旅行一次了。

理由當然是，戰爭的費用是必需的，而旅行卻是奢侈的，我覺得不很同意。反之，旅行才是必需的，而戰爭卻是奢侈的。

此外還有其他的夢想，如烏托邦的夢想和長生不死的夢想。「長生不死」的夢想是十分近人情的夢想——這種夢想是極為普遍的——雖則它是像其他夢想一樣地模糊，同時，當人類真的可以長生不死的時候，他們卻很少知道要做什麼事情。

長生不死的欲望，終究和站在另一極端的自殺心理是相似的。兩者都以為現在的世界還不夠好，為什麼現在的世界還不夠好呢？我們對這個問題本身所感覺到的驚異，應該會比這問題的答案所感覺到的驚異更大，如果我們春天到鄉間去遊覽一番的話。

關於烏托邦的夢想，情形也是如此。理想僅是一種相信另一世態的心境，不管那是什麼一種世態，只要和人類現在的世態不同就得了。理想的自由主義往往相信本國是最壞不過的國家，相信他所生活的社會是最壞不過的社會，他依然是那個照單點菜的餐館裡的傢伙，相信鄰桌的顧客所點的菜餚，比他自己所點的更好吃。

「紐約時報」（New York Times）（論壇）的作者說，在這些自由主義者的心目中，只有俄國的第聶伯水閘（Dnepr Dam）是一個真正的水閘，民主國家間不曾建設過水閘。當然只有蘇聯才造過地底車道啦！

在另一方面，法西斯的報紙告訴他們的民眾說，人類只有在他們的國度裏，才找得到世界唯一合理的、正確的、可行的政體。

烏托邦的自由主義者和法西斯的宣傳主義的危險便在這裡，為補救這種危機起見，他們必需有一種幽默感。

論偉大

「大自然本身始終是一間療養院」。他如果不能治癒別人的疾病，至少能夠治癒人類的狂妄自大的病。大自然不得不使人類意識到他自己的角色；故在大自然的背景裏，人類往往可以意識到他自己的渺小。

中國繪畫在山水畫中總是把人畫得那麼小，原因便在於此。在一幅名叫「雪後看山」的中國山水畫中，要找到那個「雪後看山」的人是很難的。在細尋一番之後，你發現他坐在一棵松樹下——在一幅高十五吋的畫裏，他那蹲坐的身體只有一吋高，而且是以幾下畫筆迅速畫成的。

又有一幅宋代的繪畫，畫中有四個學者裝束的人，在一個秋天的樹林裏漫遊著，仰首眺望上頭那些枝椏交錯的雄偉的樹木。

一個人有時覺得自己渺小，那是很好的。有一次，我在牯嶺避暑，躺臥在山頂上，那時我開始看見兩個跟螞蟻一樣大的小動物，在一百英里外的南京，為了要服務中國而互相怨恨、鉤心鬥角，這種事情看來有點滑稽，所以中國人認為到山中去旅行一次，可以有清心寡慾的功效，使人除掉許多愚蠢的野心，和不必要的煩惱。

人類往往忘記自己是多麼渺小，而且常常是多麼無用的。一個人看見一座百層高的大樓時，常常夜郎自大，醫治這種夜郎自大的心理的最好方法，就是把他想像中的摩天樓搬移到一個小山邊去，使他更確切地知道，什麼可以叫做「偉大」，而什麼沒有資格叫做「偉大」。

我們喜歡海的無涯，喜歡山的偉大。黃山上有一些山峰是由整塊的花崗石造成的，由看得見的基礎到峰尖共有一千呎高，而且有半英里長。這些東西鼓動了中國藝術家的靈感；這些山峰的靜默、偉大，和永久性，可說是中國人喜歡畫中的石頭的原因。

一個人沒旅行過黃山之前，是不易相信世間有這麼偉大的石頭；十七世紀有一些黃山派的畫家，由這些靜默的花崗石山峰得到他們的靈感。

在另一方面，一個人如果和自然界偉大的東西發生聯繫，他的心也會真正變得偉大起來。

我們可以把一片風景看作一幅活動的圖畫，而對於不像活動的圖畫那麼偉大的東西不能感到滿足。我們可以把地平線之熱帶的雲看作一個舞台的背景，而對於不像舞台的背景那麼偉大的東西不能感到滿足。我們可以把山林看作私人花園，而對於不成為私人花園的東西，我們可以把怒吼的波濤當作音樂會，而對於不成為冷氣設備的東西不能感到滿足。這樣我們便變得偉大起來，像大地和穹蒼那麼偉大。

正如中國一位最早期的浪漫主義者阮籍（公元二一〇～二六三）所描寫的「大人先生」一樣，我們以「天地為所」。

我一生所看見的最美妙的「奇觀」，是一晚在印度洋上出現的，那真偉大。那舞台有一百英里闊、三英里高，在這舞台上，大自然上演了一齣長達半小時的戲劇，有時是龐大的龍、恐龍和獅子，在天空忽忽移動著——獅頭漲大起來，獅鬃伸展開去，龍背彎著、扭動著、蜷曲著

有時是一隊隊的穿白色制服的兵士、穿灰色制服的兵士，和佩著金黃色的肩章的軍官，踏步前進，發生戰鬥，最後又退怯了。那些穿白色制服的兵士突然換上了橙黃色的制服，那些穿灰色制服的兵士似乎換上了紫色制服，而背景卻是滿佈著火焰般的金黃的虹色。

後來，當大自然的舞台技師把燈光漸漸弄暗時，那紫色軍把那橙黃色軍克服、

吞沒了，變成更深的紅紫色和灰色。在最後五分鐘裡，表現著一片不可言狀的悲劇和黑暗的災難的奇觀，然後所有的光線才滅了去。我觀看這齣一生所看見的最偉大的戲劇，並沒有花費一個銅板。

此外還有靜默的山，那種靜默是有治病的功效的，那些靜默的山峰、靜默的石頭、靜默的樹林，一切是靜默而且雄偉的。每座作圍繞之狀的佳山都是療養院，一個人像嬰孩那樣地偎依在他的懷中時，是覺得很舒服的。

我不相信基督教、科學，可是我卻相信那些偉大的老樹，和山中勝地的精神治療力量。這些東西不是要治療一根折斷了的肩骨，或一塊受傷染病的皮膚，而是要治療肉體上的野心和靈魂上的疾病——盜竊病、狂妄自大病、自我中心病、精神上的口臭病、債券病、證券病，統治他人的病、戰爭神經病、忌詩神經病、挾嫌、怨恨、社交上的展覽欲、一般的糊塗，以及各式各樣道德上的不調和。

論幽默感

我懷疑世人是否曾完全體驗過「幽默」的重要性，或幽默在改變我們整個文化生活之性質上的可能性——幽默在上的地位、在學術政治上的地位、在生活上的地位。因為它的機能與其說是物質的，不如說是化學的。它改變了我們的思想和經驗的根本組織。它在民族生活上的重要，我們可以承認。

德皇威廉因為沒有笑的能力，便喪失了一個帝國。或者如一個美國人所說的那樣，使德國人民損失了幾十幾萬元。威廉二世在私生活中也許會笑，可是公共場所中，他高翹著的鬍鬚始終給人可怕的印象，好像他永遠跟誰在生氣似的。而且他的笑的性質和他所笑的東西——因勝利而笑、因成功而笑、因高踞人之上而笑——也是決定他一生命運的同樣重要之因素。德國戰敗，因為威廉二世不知道什麼時候笑，或對什麼東西笑。他的夢想是不受笑所管束的。

據我看來，對獨裁制度的最不利的批評是：民主國的總統會笑，而獨裁者則總是那麼嚴肅——凸出了牙床，鼓起了下顎，縮進了下唇，好像他是在做一些非常重要的事情，好像沒有他們，世界便會糟到無可救藥的樣子。

羅斯福常常在公共場所微笑——這對於他是好的，對於喜歡看他們總統微笑的美國人也是好的。可是歐洲的獨裁者們的微笑在哪裡呢？他們的人民不喜歡看見他們微笑嗎？還是他們一定要裝著吃驚、莊嚴、憤怒，或事情非常嚴重的樣子，才能保持他們的政權呢？

我所讀到的關於希特勒的最好的事情，是說他在私生活中是極為自然的。這稍稍恢復我對他的信仰。可是如果獨裁者非裝作憤怒或自責的模樣不可，那麼獨裁制度裡一定有什麼不對的地方，或整個性質和步調是錯了的。

我們現在討論獨裁者的微笑，並不是在開無聊的玩笑。當我們的統治者不笑時，這是非常嚴重的事情，因為他們有的是槍炮啊！在另一方面，只有當我們幻想（用所謂「D」那種夢想的才能去幻想）一個由嬉笑的統治者去管理的世界時，我們才能體驗到「幽默」在政治上的非常重要性。

比方說，派遣五、六位世界最優秀的幽默家，去參加一個國際會議，給他們全權代表的絕對權利，那麼世界便有救了。因為幽默必然和明達及合理的精神聯繫在一起，再加上心智上一些會辨別矛盾、愚蠢和壞邏輯的非常微妙的力量，同時因為幽默是人類智能的最高形式，所以我們斷定，每一個國家是這樣由思想最健全的人物去做會議代表的。

讓蕭伯納代表愛爾蘭，史帝芬．李科克（Stephen Leacock）代表加拿大；吉斯特頓（G.K. Chesterton）已經死了，可是伍德．豪斯（P.G. Wodehouse）或愛多士．赫胥黎（Aldous Huxley）可以代表英格蘭。威爾．羅吉士（Will Rogers）已經死了，不然他倒可以做一個代表美國的優秀外交家；我們可以請羅伯．本奇利（Robert Benchley）或赫伍德．布朗（Heywood Broun）去替代他。

義大利、法國、德國、俄國，也有他們的幽默使者，派遣這些人物在大戰的前夕去參加一個國際會議，看他們能不能掀起一次歐洲大戰來。無論他們怎樣拼命地努力，他能想像這一批國際外交家掀起一次戰爭，或甚至於計謀一次戰爭嗎？「幽默感」是會禁止他們這樣做的。

當任何民族向其他民族宣戰時，他們是太嚴肅了、他們是半瘋狂的，他們深信他們是對的，而且上帝是站在他們那一邊的。具有比較健全的常識的幽默家是不會這樣想的。

他會看見蕭伯納大喊愛爾蘭是錯誤的。看見一位柏林的諷刺畫家說一切的錯誤都是他們的。看見布朗宣稱大半的蠢事應由美國負責。看見李科克坐在椅子上替人類道歉；溫和地提醒我們說，在蠢笨和愚憨這一點上，沒有一個民族可以自稱比其他民族強些。在這種情況之下，我們怎樣能以幽默的名義來發動一次大戰呢？

究竟誰替我們掀起戰爭呢？是那些有野心的人、有能力的人、聰明的人、有計畫的人、謹慎的人、有才智的人、傲慢的人、過分愛國的人、那些被「服務」人類的欲望所激動的人、那些想在世上創造一些「事業」給世人一個「印象」的人、那些希望在什麼市場裏做一個騎馬的銅像來傲視古今的人。

很奇怪的，那些有能力的人、聰明的人、有野心的人、傲慢的人，同時也是最懦弱而糊塗的人；缺乏幽默家的勇氣、深刻和機巧。他們永遠在處理瑣碎的事情，而那些心思比較曠達的幽默家，卻能應付更偉大的事情，一個外交家如果不低聲下氣地說話，裝得戰戰兢兢、膽怯、拘禮、謹慎的模樣，便不成其為外交家。

可是事實上，我們並不一定需要一個國際幽默家的會議來拯救這世界。我們大家都充分地儲藏著這種所謂幽默感的有用的商品。當歐洲好像是站在大戰的邊緣時，我們依舊可以把我們那些最劣等的外交家、那些最有「經驗」和自信的、那些最有野心的、那些最善於低聲下氣講話的、那些最會裝得戰戰兢兢、拘禮、謹慎的模樣的，甚至那些最切望於「服務」人類的外交家，派遣到會議席上去。只要規定在每一次上午及下午的開會議程中，撥出十分鐘的工夫來放映「米老鼠」畫片，全體外交家都須參加，那麼任何戰爭依舊可以避免。

我相信這就是幽默的化學作用及改變我們思想的特質。我以為這作用一直透到文化的根柢，並且替未來的人類世界中的「合理時代」的來臨，開闢了一條道路。

我覺得人類不能有比「合理的時代」更崇高的理想了。因為一個新人種的興起、一個浸染著比較豐富的合理精神、比較豐富的健全常識、簡樸的思想、寬和的性情，及有教養的眼光的人種的興起，這終究是唯一重要的事情。

人類的理想世界不是一個合理的世界，在任何意義上，也不是一個十全十美的世界，而是一個缺陷會立刻被看出來，紛爭會合理地被解決了的世界。

對於人類，這的確是我們所能希望最好的東西，也是我們能夠合理地冀望它實現的最崇高的理想。這似乎包含著幾樣東西，思想的簡樸性、哲學的輕逸性，和微妙的常識，才能使這種合理的文化創造成功。而微妙的常識、哲學的輕逸性，和思想的簡樸性，恰巧正是幽默的特性，而且非由幽默中產生出來不可。

這麼一個新世界是很難想像的，因為我們現在的世界是那麼兩樣。一般地講起來，我們的生活是太複雜了、我們的學問太嚴肅了、我們的哲學是太消沉了、我們的思想是太紛亂了。我們思想上和學問上這種嚴肅和紛亂的複雜性，使現在的世界成為這麼一個不快樂的世界。

現在我們必須承受生活及思想的簡樸性，是文明與文化的最崇高、最健全的理想。也必須承認當一種文明失掉了簡樸性時，和當浸染習俗、熟悉世故的人們，不再回到天真純樸的境地時，文明便會日益充滿著困擾，日益退化下去。於是人類變成他自己所產生的觀念、思想、志向，和社會制度的奴隸。

荷負著這個思想、志向，和社會制度的過重之重擔的人類，似乎無法擺脫這些負擔。然而，幸虧人類的心智有一種力量，能夠超越這一切觀念、思想，和志向，而將它們付之一笑，這種力量就是「幽默家」的微妙處。

幽默家運用思想和觀念，就像高爾夫球或彈子戲的冠軍運用他們的球，和牧童冠軍運用他們的馬索一樣。他們的手法中有一種因熟練而來的從容、有把握，和輕快的技巧。

總之，只有那個能輕快運用他的觀念的人，才是他的觀念的主宰。只有那個能做他觀念的主宰的人，才不會被觀念所奴役。嚴肅終究只是一種努力的標誌，而努力又只是不熟練的標誌。一個嚴肅的作者，在觀念的領域裏是呆笨和侷促不自在。他很嚴肅，因為他和他的觀念相處，還不曾覺得十分自然。

雖然說起來似乎有點矛盾，可是「簡樸」其實就是思想深刻的標誌和象徵。據我看來，在治學和寫作上，簡樸差不多是最難實現的東西。欲求思想明徹是多麼困難的事情，然而只有在思想明徹之後，簡樸才有實現的可能。

當我們看見一個作家在役使一個觀念時，我們可以相信是那觀念在役使他。這可以用一件普通的事情來證明：剛從學校裏以優異的成績畢業出來的年輕大學助教，其講辭總是深奧而複雜的，而思想上真正的單純和表現的平易，只有在資格較老的教授們的字句間才找得到。

當一個年輕的教授，不用自矜博學的語句來說話的時候，那麼他的確是一個出類拔萃的人，其前途是很偉大的。由技術到簡樸，由專家到思想家，其進程中所包含的根本是一種消化知識的過程，一種我認為和新陳代謝的作用完全相同的過程。

一個博學的學者要到自己把那專門的知識消化了，並且使之和他的人生觀察聯繫起來的時候，才能夠用平易簡明的言語把這專門的知識貢獻給我們。在他刻苦追求知識的時間中，（讓我們假定說是詹姆斯的心理學知識吧！）我覺得一定有許多次「使心神清爽的休息」像一個人在長途旅行的疲乏中喝一杯冰冷的飲料一樣。

在那種休息中，有許多真正的人類專家會問自己一個非常重要的問題：「我到底在說什麼？」簡樸必須以消化和成熟為前提，當我們漸漸長大起來的時候；我們的思想便變得更明徹了，問題中無關緊要之點或虛假的一面被削去了，不再騷擾我們了，觀念有了比較明確的形態。

一連串的思想漸漸變成一個便利的公式，這個公式在一個晴朗的清晨突然跑到我們的腦海裏來，於是我們便達到了那個稱為智慧、知識的真正的光輝。這樣便不再有努力的痕跡，真理變得簡單易明；而讀者也覺得真理本身是簡單的，其公式的形成是自然的，因而獲得無上的快樂。

這種思想上和風格上的「自然性」——中國的詩人和批評家們那麼羨慕的東西——常常被視為一種逐漸成熟的發展的過程。當我們講到蘇東坡的散文日漸成熟時，我們說他「漸近自然」——這種風格是已經把青年人愛好華麗、玄學、審美技藝，和文藝誇張等心理消除了的。

「幽默感」營養著這種思維的簡樸性是很自然的事。

一般地說來，幽默家比較接近事實，而理論家則比較著重觀念，只有當一個人在和觀念本身發生關係的時候，他的思想才會變成非常複雜。在另一方面，幽默家沉溺於一陣陣突發的常識或機智，這種常識或機智常以閃電般的速度，顯示出我們觀念與現實的矛盾，而使許多問題變得甚為簡單。

和現實不斷地接觸，給幽默家以活力、輕快，和機巧。一切裝腔作態、虛偽、學識上的胡說、學術上的愚蠢，和社交上的欺詐，均將一古腦兒掃除淨盡。人類變得有智慧了，因為人類變得有機巧，變得有機智了。

一切是簡單的、一切是清楚的。

就是因為這個緣故，所以我相信只有當幽默的思維方法更加盛行的時候，一種以生活及思維的簡樸為特性的健全而合理的精神才會實現。

論躺在床上

看起來，我是天生注定要做一個「市場哲學家」的，可是我沒有辦法。一般說來，哲學似乎是那種把簡單的東西弄得很難懂的學問，可是我能想像得到一種使困難的東西簡單化的學問。

「唯物主義」、「人文主義」、「超絕主義」、「多元論」，以及其他的一切「主義」雖然都有很冗長的理論，可是我想這些哲學體系並不比我自己的哲學更深刻。歸根結柢地說來，生活不外是吃飯、睡覺、和朋友們相會、作別、團聚和送別會、淚和笑、兩星期剪一次頭髮、在一盆花上澆水、看鄰人由屋頂上跌下來。用一種學術上的隱語，把我們關於這些人生簡單現象的觀念加以裝飾，乃是大學教授掩飾極端空虛的思想，或極端含糊的思想的一個詭計。

因此，哲學變成一種使我們越來越不了解自己的學術。哲學家所完成的功績就是他們講得越多，我們越是覺得糊塗。

人們很少知道「躺在床上」的藝術的重要，這是很奇怪的。據我看來，世界上最重要的發現，無論在科學方面或哲學方面，十分之九是科學家和哲學家，在清晨兩點鐘或五點鐘盤身躺在床上時所得到的。

有些人白天躺在床上，有些人夜間躺在床上。講到「Lying」這個字，不外兩種意義（編按．英文「Lying」一字同時有「躺」和「撒謊」兩種意義），一為身體上的，一為道德上的，因為這兩種動作恰巧是符合一致的。

我相信「躺在床上」是人生一種最大的樂趣，我覺得那些像我這樣相信的人是誠實者，而那些不相信躺在床上的人是撒謊者，他們事實上在白天是大撒其謊的，在外表方面如此，在道德方面亦如此。

那些在白天撒謊的人是道德促進家、幼稚園教師，和伊索寓言的讀者。而那些和我坦白承認一個人應該有意培養躺在床上的藝術的人，都是誠實者，他們寧願讀《愛麗絲漫遊奇境記》這一類不含教訓的書。

身體上和精神上躺在床上的意義是什麼呢？由身體上言之，躺在床上是我們摒棄外物，退居房中，而取最合於休息、寧靜和沉思的姿勢。躺在床上有一種適當而奢逸的方法。

最偉大的人生藝術家孔子，是「寢不尸」的，是「盤身而臥」的。我相信人生一種最大的樂趣是蜷起腿臥在床上。為了達到最高度的審美樂趣和智力水準起見，手臂的位置也須講究。我相信最佳的姿勢，不是全身躺直在床上，而是用軟綿綿的大枕頭墊高，使身體與床鋪成三十度角，而把一隻手或兩隻手放在頭後。在這種姿勢之下，詩人寫得出不朽的詩歌、哲學家可以想出驚天動地的思想、科學家可以完成劃時代的發現。

人們很少知道寂靜和沉思的價值，這是奇怪的。在你經過了一天勞苦工作之後、在你和許多人見面，和許多人談話之後、在你的朋友們向你說無意義的笑話之後，在你的哥哥姊姊想規勸你的行為，使你可以上天堂之後，在這一切使你鬱然不快之後，躺在床上的藝術不但可以給你身體上的休息，而且可以給你完全的舒暢。

我承認躺在床上有這一些功效，可是其功效尚不止此。躺在床上的藝術如果經過適當的培養，應該有清淨心靈的功效。許多商業中人每以事業繁忙自豪；一天到晚東奔西跑，席不暇暖，案上三架電話機撥個不停。

殊不知他們若肯每天清晨一點鐘或七點鐘，醒在床上靜躺一小時，牟利一定可以加倍。倘使躺到上午八點鐘才起來，那又何妨？如果他放了一盒上等香煙在床邊的小桌上，花了充足的時間離床起身，在刷牙之前，把當天的一切問題全都計劃一下，那就更好了。

在床上，當他穿了睡衣，舒服地伸直著腰或盤身而臥著，不受那可惡的羊毛內衣，或討厭的腰帶和吊帶、令人窒息的衣領，和笨重的皮鞋所束縛時；當他的腳趾自由開放了，恢復它們白天失掉的自由時；在這個時候，有真正商業頭腦的人便能夠思想了，因為一個人只有在腳趾自由的時候，頭腦才能夠獲得自由，只有在頭腦自由的時候，才能夠有真正的思想。

這樣，他在那種舒服的位置之中，可以追思昨天做事之成績及錯誤，同時擬定今日工作之要點。他與其準時在上午九點鐘或八點三刻到辦公處，像奴隸管理人那樣監督他的下屬人員，而「無事忙」起來，還不如胸有成竹地到上午十點鐘才上辦公處。

至於思想家、發明家和理想家，在床上靜躺一小時的效力尤其宏大。文人以這種姿勢來想他的文章或小說的材料，比他一天到晚在書枱邊所得的更多。因為他在床上不受電話、善意的訪客，和日常的瑣事所打擾。他好似由一片玻璃或一幅珠簾看見人生，現實的世界好似罩著一個詩的幻想的光輪，透露著一種魔術般的美。

在床上，他所看見的不是人生的皮毛，人生變成一幅更真實的圖畫，像倪雲林或米芾的偉大繪畫一樣。

所以如此者，是因為我們躺在床上之時，一切肌肉在休息狀態中，血脈呼吸也歸平穩了，五官神經也靜止了。由於這身體上的靜寂，使心靈更能聚精會神，不為外物所擾，所以無論是思想、是感官，都比日間格外靈敏。

一切美妙的音樂，都應該取躺臥的姿勢，閉著眼睛去詳細領略。李笠翁早就在〈論柳〉一篇裏說過，聞鳥宜於清晨靜臥之時。假如我們能利用清晨細聽天中樂，福分真不小啊！事實上，多數的城市都洋溢著鳥兒的音樂，雖則我相信有許多居民沒有感覺到。

假如，這是我一天早晨在上海所聽到的聲音：

今天早晨，我五點就醒，躺在床上聽見最可喜的空中音樂。起初是聽見各工廠的汽笛而醒，笛聲高低、大小、長短不一。過一會兒，是遠處傳來愚園路上的馬蹄聲，大約是外國騎兵早操經過。在晨光熹微的靜寂中，聽馬蹄「滴篤聲」，比聽布拉姆斯（J. Brahms）（十九世紀德國作曲家）的交響曲還有味道。再過一會，便有三、五聲的鳥唱。可惜我對於鳥聲向來不曾研究，不辨其為何聲，但仍不失聞鳥之樂。

自然鳥聲以外，還有別的聲音，五點半就有鄰家西崽叩後門聲，大概是一夜眠花宿柳回來。隔弄有清道夫竹帚掃弄沙沙的聲音。忽然間，天中兩聲「工——嘡」，飛鷹的聲音由空中傳過。六時二十五分，遠地有滬杭火車到西站時機器隆隆的聲音，加上一、兩聲的嗚笛。隔壁小孩房中也有聲響了。這時各家由夜鄉中相繼回來，夜的靜寂慢慢消逝，日間外頭各種人物動作的混合聲慢慢增高、慢慢宏亮起來。接下傭人也起來了。有開窗聲、鉤鉤聲、一兩聲咳嗽聲、輕微腳步聲、端放杯盤聲。忽然間，隔壁小孩叫：「媽媽！」

這就是我那天早晨在上海所聽到的大自然音樂。

在那年整個春天之中我最享樂的，就是聽見一種鳥聲與我幼時在南方山上所聽相似，名為Kachui 大約就是鳩鳥。牠唱的調有四音——Do、Mi、Re—Fa，頭兩音合一拍，第三音長二拍半，而在半拍中轉入——簡短的低階的Fa——第四音簡短停頓的最美妙。這樣連環四音續唱，就成一極美的音調，牠又是宿在高樹上，在空中傳一絕響，尤為動人。

最妙者，是近地一鳩叫三、五聲，百步外樹梢就傳來另一鳩鳥的應聲，這自然是雄雌的唱和，為一切聲音的原始。這樣唱和了一會那邊不和了，這邊心裏就著急，調子就變了，拍節加快，而將尾音省去，只成Do、Mi、Re三音，到了最後無聊，終歸靜止，過一會兒再來。

此外鳥聲尚多；我除了用音樂的樂譜之外，不曉得怎樣描寫這些歌聲，可是我知道這些歌聲之中，有鵲鳥、黃鸝和啄木鳥的歌聲，以及鴿子的咕咕聲。雀聲來得較遲，就是因為醒得較遲，其理由不外我們的偉大美食家兼詩人李笠翁所指出的，別的鳥最怕人，我們這最可惡的人類一醒，不是槍彈，就是擲石，一天不得清靜，所以連唱都不能從容了之、盡其能事了。故日間聞唱，其唱不佳，為此只好早點起來清唱。唯有雀，既不怕人，也就不妨從容多眠一會兒。

淘金女郎

處在現代的社會裏，最容易被人家誤解的，就是所謂的淘金女郎。但是在我的觀念中，目前這種經濟制度與社會形態既然存在，那麼女人群中會產生淘金女郎的原因，就如同男人群中會出現富商巨賈、銀行家、搞房地產的或是所有靠行騙起家的人。

事實上淘金女郎的腦筋，非常靈巧，她們懂得什麼是最重要的，就如同富商巨賈一樣——要「錢」。由於他（她）們都有奇貨可居，而且隨時待善價而沽，因此，為了達到目的，則不計任何手段。此外，富商巨賈和淘金女郎，都兼有雙重道德觀，一為職業，二為私人，兩者彼此毫不關聯。

就拿銀行巨擘來說，在家是個慈祥和藹的父親，出外可是朋友信賴的知己，然而一旦在商場競爭上起了衝突，他如果仍然懷抱「打倒同行，是不仁不義的勾當，故不屑為之」的原則的話，那他就是個笨蛋！反之，他要是能從對手處偷取情報，或者擊垮他，那麼人人敬他手腕靈巧，辦事老練。所以我覺得，當淘金女郎向銀行巨擘進行淘金的理由，也是一樣的。而且我更相信，當淘金女郎回到家後，依然會事母至孝，兄友弟恭的。

要了解這個道理，我們首先要認清淘金女郎的經濟地位。平常人總是把她們拿來與男盜女娼相提並論，這是不應該的，她們的地位應該是和富商巨賈並排才是。因為竊盜宵小所幹的是無本生意，而淘金女郎卻是拿東西和人家交易，只不過她們用自己的「色相」。

說到「出賣色相」這四個字，一般人總有成見在先。如果有人認為，娼妓賣的是色相的話，那就不對！賣身才是正確的。

其實，「賣色」可平常得很！西洋的女子一旦到了成年，她母親一定會把她打扮得漂漂亮亮的，好讓她在舞會上亮相，看能不能釣一隻「金龜婿」回來，很明顯的，這是母親在替女兒賣色，跟妓女的心情差不多。

再說百貨公司的老闆，他專挑年輕貌美的小姐來當店員，替他向顧客賣色；而事實上，這些年輕女店員的姿色，包括她們自己用的化妝品，都變成了為公司營利的工具。然而在我們傳統世俗的觀念中，整天站在櫃枱前為老闆賣色賺錢，虛渡青春的，稱之為道德；而那些為了養活自己，或謀求己利，而直接賣色，以騙取大腹便便的富商巨賈的錢（這點很重要）就被叫做不道德。

工業時代裏，女人是男人心目中，最便宜的享用品。所以女人不花錢、不妖艷，男人就不要她；而女人一旦會花錢，又打扮得妖里妖氣的時候，就是淘金女郎了。處在這種情況之下，頭腦靈敏的女人，在毫無生產的時候，又想到要花錢，要妖艷，那麼最好的辦法就是——花男人的錢。

當然囉！男人最喜歡的是道德高尚的女人，因為她們樂善好施而又無求於人，所以男人理想中的女人是厭惡金錢的。世界上的確有許多這樣的女人，她們為了換取男人一絲真情，赴湯蹈火、粗衣陋食在所不惜；世界上也有許多安分守己的男人，他們每天上下班，按月領薪水，又能奉公守法。然而，在這兩性中，還有一部分人深深覺得錢財的重要，對男人而言，這些人就成了富商巨賈，或投機成功的企業家；對女人而言，除了部分嫁給了金龜婿外，就屬淘金女郎了。

不過淘金女郎要是碰到了不錯的金龜婿，她也會嫁的，但是嫁給金龜婿的女人，不見得看得起淘金女郎。其實這又何必呢？就好像私家轎車的司機，看不起計程車司機一樣，真是五十步笑百步，何況誰又知道私家轎車的司機，有沒有趁主人不在的時候，偷偷走私出去拉生意，撈點外快呢？

所以我很不願意談道德的問題，要是淘金女郎真罪有應得的話，也輪不到我第一個中傷她。此刻我想說的是，「不治生產，其後必致累人；專務交遊，其後必致累己。」富賈和淘金女郎拼命攢錢置產，也不過為了年老色衰後，得以度他不缺乏的殘年，以免連累後代或他人。

何況富賈一旦擁有萬貫家財之後，自然可能鍾愛那厭惡金錢的嬌妻，而淘金女郎也是一樣，只要有了足夠的「財」，亦可以嫁一位落魄的文人，由她倒貼而奉事之。所以，我始終看不出富賈與淘金女郎，究竟有什麼分別。

綜上述所言，我覺得淘金女郎的聰明才智，恰如商賈天生比他的同僚的手段更為毒辣。所以，兩者要是見了面，還應當彼此恭維一番呢！

在當我們羨慕富賈坐在寬敞大辦公室的沙發椅上，抽雪茄煙的時候，何不寬容些，也羨慕羨慕那「奮鬥」成功的淘金女郎呢？說不定她們也會像富商巨賈一樣，捐贈一些病床給醫院哪！

憶狗肉將軍

據報載，狗肉將軍張宗昌死了。我為他惋惜，為他的母親惋惜，也為他死後留下的十六個和生前離去的六十四個小妾惋惜。為了要特別為文紀念這些在混亂時代裏的混亂將軍們，我還是從這位狗肉將軍開始.

我們的狗肉將軍死了！這是怎麼回事啊?!對我、對中國，和對我們這一輩的人民，都有著多麼神祕的意義啊！這種事情並不是每天有的，如果發生了，那中國便可以永無悲哀了。但是，如果再有這種事情發生，你大可以撤銷五院，甚至扯去總理遺囑，辭退國民黨執行委員，封閉全國大中小學，而你也不必再被什麼共產主義、法西斯主義、民主政治、普通選舉和婦女解放等等問題所困擾了，我們的百姓也能國泰民安的生活下去。

封建的中國，又死了一個顯赫而傳奇的人物。然而狗肉將軍的死，卻對我有著特別的意義，因為他是現代中國所有顯赫的、傳奇的、封建的和不顧羞恥的統治者中，最為顯赫、傳奇、封建的，而且我還必須說，他是最率直而不知廉恥的一個。

他天生就是現代中國需要的統治者。他身高六尺，魁梧碩大，有一對鬥雞眼，一雙巨大無朋的手；他率直、有力，而且有極為可怕的敏捷、固執，還天生具備了適當的智慧。他是愛國的，然而他有自己的主張，他反對共產主義，這緩和了他反對國民黨，事實上他無法反對國民黨，因為他不能反對他不懂的東西。

他飲酒，更愛吃狗肉，他不管上司或屬下，想怎麼做，就怎麼幹！他不自命君子，也不跟旁人一樣裝模作怪的發表什麼美麗動聽的「通電」。他極端的忠實，這使得同僚們都非常愛戴他，如果他愛女人，他會說明，也會抱著白俄女子會見外國領事。他如果要設歡宴請客，絕不會想要隱瞞起來，不給友人或仇人知道。他要是想奪得部下的妻妾，就會公開聲明，絕不像大衛王那樣寫什麼悔恨詩的，不過，他會把搶來女人的前任丈夫，提升為濟南警察局局長。

他對於別人的道德非常尊重，所以他禁止女學生走進濟南的公園，免得她們被蹲在牆角的男人給吞噬了。他是敬神的，也有一個信回教的妻子，所以他主張一夫多妻制，但也贊成一妻多夫制，因此當他不需要小妾的時候，他允許她們走私。他尊敬孔子，也敬愛國家。

據說，有一次，他在日本人的床上，發現了一隻臭蟲的時候，竟然大喜過望，滔滔不絕的向別人傾訴中國文化的優秀。他很喜歡他的劊子手，但是也更至誠至意的愛他的母親。

關於這位狗肉將軍的傳說，還真不少。有一次，他愛上了一個喜歡狗的俄國的妓女，於是他令全團士兵列隊踏正步，走過那隻狗的面前，藉以表示他對那妓女與狗的愛。

又有一次，他指派了一人為山東某縣的縣長，可是第二天又指派了另一人當同縣的縣長。等到兩人同時上任時，便發生了爭執，雙方都認定自己才是狗肉將軍親自任命的，於是他們只好到將軍那兒聽候裁決。

到達的時候，張宗昌躺在床上飲酒作樂。「進來！」他說，還是那麼直爽。在他們兩人分別說完以後，咱們狗肉將軍不耐煩的說：「你們這些混蛋！這麼點小事也解決不了，還要來麻煩我啊？」

跟梁山泊的好漢一樣，他也愛全國的強盜土匪，因為他很率直，而且他從來不會忘記施小惠的，對於幫過他忙的人，是絕對忠實。在他的褲帶裏，總是塞滿了錢，只要有人向他求援，他便會抽出一捲鈔票來，隨便撈一把給他，張宗昌這種百元鈔票的布施，就如同洛克菲勒用角子布施一樣的大方。

為了他的慷慨與忠實，屬下們都不會憎恨他。當我一大早走進辦公室時，告訴了同事們這件重大的消息——張宗昌死了！大家都微笑了，這表示每個人都對他相當友愛，至死不渝。

是的，沒有一個人會恨他，也沒有一個人能恨他，因為他天生就是個統治者，現代的中國需要他，而他也是所有統治者中的佼佼者，只不過他死了！

論肚子

我們做動物的一個重要的後果，便是我們這個叫做「肚子」的無底洞，這個事實曾影響到我們的整個文化。中國美食家李笠翁在《閒情偶寄》卷十二〈飲饌部〉的序言裏，對我們之有這個無底洞，頗多埋怨之語：

吾觀人之一生，眼、耳、鼻、舌、手、足、軀骸，件件都不可少，其盡可不設而必欲賦之，遂為萬古生人之累者，獨是口腹二物。口腹具而生計繁矣，生計繁而詐偽奸險之事出矣。詐偽艱險之事出，而五刑不得不設；君不能施其愛育，親不能遂其恩私；造物好生而亦不能逆行其志者，皆當日賦形不言善，多此二物之累也。

草木無口腹，未嘗不生，山石土壤無飲食，未聞不長養，何事獨異其形，賦而以口腹？即生口腹，亦當使如魚蝦之飲水、蜩螗之吸露，盡可滋生氣力，而為躓躍飛鳴。若是，則可與世無求，而生人之患息矣。乃既生以口腹，又復多其嗜欲，使如谿壑之不可厭，多其嗜欲，又復洞其底裏，使如江河之不可填，以致人之一生，竭五官百骸之力，供一物之所耗而不足者。吾反覆推詳，不能不於造物主是咎，亦如造物如此，未嘗不自悔其非，但以制定難移，只得終遂其過。甚矣，作法慎初，不可草草定制！

現在我們既有這個無底洞要填滿，那真是毫無辦法的事；我們有肚子這事實，確已影響到人類歷史的過程了。

孔子對於人類天性，有深切的了解，他把人生大欲，歸結到食色二事，用比較簡單的詞語來說，便是飲食男女。

許多人克制了色，可是還沒有一位聖人克制過飲食。有些苦行者度著節欲的生活，可是就算是最神聖的人，也不能把食忘記到四、五小時以上。我們每隔幾小時，腦中就要浮起「什麼時候吃呢？」這一句話，每天至少有三次。有時候多至四、五次。

國際會議在討論最重要、最緊急的政治局勢時，也須因午餐而暫停。國會須看吃飯的時間去排定議程。一個需要五、六個小時之久，或與午餐發生衝突的加冕典禮，將立即被斥為有礙公眾生活。老天既然賦給我們肚子，於是當我們聚集攏來，在想對祖父表示敬意的時候，最好的辦法還是替他舉行一次壽辰的宴會。

這是有原因的。朋友在宴席上相見就是和平中相見。一碗燕窩湯或一盤美味的炒麵，具緩和激烈爭辯的功效，使人對雙方互相衝突的意見低聲下氣起來。叫兩個餓著肚子的好朋友碰在一起，結果總是發生口角的。

一頓豐盛的餐食，效力不只是幾小時，而是幾星期和幾個月的。要我們寫一篇書評，去罵三、四個月前請我們吃過一頓豐盛的晚餐的作家所著的書，我們真要躊躇不能下筆了。

因為這個緣故，所以洞識人類天性的中國人，不把他們的論爭去對簿公堂，而解決於杯酒之間。中國人的生活方式是這樣的，他們不但在杯酒之中解決論爭，而且也用同樣的方法去防止論爭。在中國，我們常常舉行宴會以聯絡大家的感情。

事實上，這是政治上唯一登龍之術。促使有人費些功夫去做統計，那麼他就可以發現，一個人設宴請客的次數與升官的速度有絕對的關係。

我們既然天生如此，那麼我們怎能有別種反應呢？我不知道這是中國的特殊情況。要是美國郵務部長或科長在朋友家裏吃過五、六頓飯，這位朋友向他做私人的請託時，他怎能加以拒絕呢？我敢打賭，美國人是和中國人一樣有人性的。唯一不同之點，是美國人未曾洞察人類天性，或是未曾依人類天性合理地去組織他們的政治生活。我猜想在美國政治領域中，也有一些是和中國人這種生活方式一樣的，因為我不能相信人類的天性是大抵相同的，在皮膚下，我們都是一樣的。只是我沒有看見這些習慣像中國那樣普遍而已。

我所聽見的唯一習慣，是政府官吏候選人，開露天茶會請區中選民的眷屬，以冰淇淋和蘇打汽水給小孩吃，來賄賂他的母親。這樣被集團地餵了一頓之後，大家無論如何總要相信——「他是個和氣的好傢伙」（He's a jolly good fellow），而且常常拿這句話當做歌曲唱來。歐洲中世紀時代的王公貴族，在大婚或誕辰盛典時，總是以豐盛的酒肉，設筵請佃戶大吃一頓，這不過是這個習慣的另一種表現而已。

我們根本上既受飲食的影響，因此，革命、和平、戰爭、愛國、國際間的默契、我們的日常生活，以及人類社會生活的整個結構，都深深地受其影響。

法國大革命的原因在哪裏呢？盧騷（Rousseau）嗎？伏爾泰（Voltaire）呢？狄特洛（Diderot）嗎？不，只是因為糧食問題而已。俄羅斯大革命與蘇維埃實驗的原因在哪裏呢？又是因為糧食的問題而已。

至於戰爭呢？拿破崙說過一句顯示他的深智的話：「軍隊是靠肚子打仗的。」當肚子裏不和平的時候，喊著：「和平！和平！」又有什麼用呢？對國家可以這樣看法，對個人也可以這樣看法。當民眾飢餓的時候，帝國傾覆了，最有力的政權和恐怖的統治也崩潰了。

當飢餓的時候，人們拒絕工作、士兵拒絕打仗、首席歌女拒絕唱歌、參議員拒絕辯論，甚至總統也拒絕統治國家了。丈夫幹嘛要整天在辦公室中揮汗工作，除了希望在家裏吃一頓豐盛的餐食之外，還有什麼？

因此，有一句俗話說：「欲得男人之心，最好從他的肚子下手。」當他的肉體滿足了的時候，他的精神就比較安靜、舒服，他也比較多情、比較能體貼人家。做妻子的往往因為丈夫不注意她們的新衣服、新鞋子、新眉毛，或新椅套而發牢騷，可是做妻子的可曾因丈夫不注意美味的肉排或煎蛋塊而發牢騷？

愛國不是愛我們幼時所吃的好東西，還有什麼呢？我曾說過，忠於美國便是忠於炸團餅、火腿和甜薯。忠於日耳曼便是忠於團餅和聖誕百果餅。講到國際間的默契，我覺得通心麵比墨索里尼更能使我們認識義大利。在一些人的心目中，至少在那些不贊成墨索里尼政權的人的心目中，通心麵對於增進義大利和外國間的了解所做的工作，已經給墨索里尼破壞了，這真是可惜的事情。那是因為我們在餐食中，和在死亡中一樣，感覺到人類的根本友愛關係。

在盛宴中，中國人是多麼精神煥發啊！當他們的肚腸填滿的時候，他會喊出人生是多麼美妙啊！這個飽滿的肚子裏洋溢著，發射出一種精神上的快樂。中國人是靠著本能的，他的本能告訴他說，當肚子飽滿的時候，一切都「美滿」了。所以，我認為中國人有一種比較近乎本能的生活，同時有一種哲學，叫他們能公開承認他們生活近乎本能。

我曾經提起過，中國人對於快樂境地的觀念是：「溫暖、飽滿、黑暗、甜蜜」——指吃完一頓豐盛的晚餐後上床去睡覺的情景。所以有一位中國詩人說：「腸滿誠好事，餘者皆奢侈。」

中國人抱著這種哲學，所以對於食物並不拘謹，覺得不妨吃得津津有味。當中國人喝一口好湯時，他就盡情地啜唇作響。當然，這在西方是無禮貌的。在另一方面，西方的禮俗，強迫我們鴉雀無聲地啜湯，以最少欣賞的表情靜靜地吃飯，我相信這便是阻礙庖廚藝術發展的真原因。

西方人士在吃飯的時候，為什麼談得那麼輕柔，吃得那麼凄慘、規矩、高尚呢？美國人多數沒有那種拿起一隻雞腿，把它啃個一乾二淨的聰明；反之，他們繼續用刀叉玩弄著，感覺非常淒慘，可是不敢說一句話。當雞肉真正好吃時，這是罪過的事。

講到所謂餐桌上的禮貌，我覺得當母親禁止小孩啜唇作響的時候，小孩就初次感覺到人生的悲哀。這是人類的心理，假使我們不表示我們的快樂，我們不久就感覺到不快樂；於是消化不良、憂鬱、神經衰弱，及成人生活中所特有的精神病就接踵而至了。

當堂倌端上一盤美味的小牛肉排時，我們應該學學法國人，說一聲：「啊！」吃過第一口之後，像動物那樣哼了一聲：「嗯！」欣賞食物有什麼可羞呢？有常態健康的胃口有什麼可羞呢？不，中國人是兩樣的。他們吃東西時的禮貌不好，可是卻善於欣賞盛宴。

事實上，我相信中國人之所以不能發展植物學和動物學，是因為中國的學者不能冷靜地與無動於衷地觀察一條魚，一看到魚，便想到魚在口中的滋味，因而想吃掉牠。

我之所以不信任中國外科醫生，是因為我怕中國外醫生在割我的肝臟找石子時，也許會忘了石子，而把我的肝臟放進油煎鍋裏去。因為我覺得中國人看見一隻豪豬時，便會馬上想出種種的燒法，在不中毒的範圍之內吃掉牠的肉。

在中國人看來，不中毒是唯一實際而重要的問題。如果豪豬的刺毛不會引起我們的興趣，這些刺毛怎樣豎立起來？它們有什麼功用？它們和豪豬的皮怎樣聯繫起來？豪豬看見仇敵時，這些刺毛怎樣會有豎立的能力？這些問題在中國人看來是極端無聊的。

中國人對於一切動、植物也是這樣，正確的觀念是怎樣才能欣賞它、享受它，而不是它們本身是什麼東西。鳥的歌聲、花的色彩、蘭的花瓣、雞肉的肌理是我們所關心的東西。東方人須向西方人學習動、植物的全部科學，可是西方人須向東方人學習怎樣欣賞花、魚、鳥獸，怎樣徹底欣賞動、植物各種類的輪廓與姿態，從它們聯想到種種不同的心情和感覺。

這樣看來，食是人生少數真樂事之一。飢餓這本能不像性的本能那樣受禁例與社會戒律的妨礙。同時，一般地說來，吃沒有發生什麼道德上的問題，這是一樁很幸運的事。人類在吃的方面的矯揉造作，是比性的方面的矯揉造作少得多的。

哲學家、詩人、商賈，與藝術家能夠坐在一起共餐，在大庭廣眾之間，做餵飼自己的工作而不害羞，這真是可欣幸的事情，雖則有些野蠻民族對於飲食具有一種羞怯的意識，獨自個兒沒有別人在旁時才敢吃東西。關於性的問題，待我們以後再來討論。

我們在這裏至少看見一種本能，因為較不受阻礙，所以也較少變態、瘋狂，與犯罪的行為。飢餓的本能與性的本能，在社會意義上的差異是十分自然的。可是事實上飢餓這種本能，不但不會使我們的心理生活發生錯雜，而且是人類一種純粹的福利。原因是因為人類對於這一個本能，非常坦白。因為這裏沒有拘謹的問題，所以也就沒有精神病、神經官能症，或變態了。杯已臨唇，尚往往有失手之虞，可是食物一進唇內，比較上就沒有什麼意外的挫折了。

我們坦然承認大家都得吃飯，可是對於性的本能卻不如此。食物既能滿足，則不發生麻煩了。頂多有人吃得患了消化不良症、胃病，或肝石症，有些人以牙齒自掘墳墓——現代中國要人，頗有幾個是這樣的，——可是即使如此，他們並不以為可羞。

為了同樣的理由，從飲食所產生的社會罪惡比從性慾所產生的更少。〈刑法〉上有一部分是關於姦淫、離婚，與侵犯女性的，可是和不合法、不道德，與背信的飲食罪有關者較少。頂多是有些丈夫會搜索冰箱裏的食物，可是我們很少因為一個人抄搜冷藏箱而絞殺他。假使真有這麼一種案件上了法庭，法官對被告一定表示十二分同情。這是因為我們都願坦白、承認大家有飲食的需要。我們對飢民表示同情，卻不對尼姑庵裏的尼姑表示同情。

這種推論不是毫無意義的，因為大家對於飲食問題，和對於性問題的懵然無知比較起來，可是懂得多了。滿洲人在嫁女之前，不但教以烹調之術，同時也教以戀愛之術，可是世界上可有別處的人實行這種教育？飲食問題已經得到知識之光的普照，可是性的問題還是被神仙故事、神話，和迷信所包圍。飲食問題可說是見天日了，可是性的問題卻依然未見天日。

在另一方面，我們人類沒有沙囊、嗉囊和浮囊，真是莫大的不幸。如果有的話，人類社會一定會發生極大的變化，老實說，我們會有一種完全不同的人種。有沙囊的人種一定會有最和平、最知足、最可愛的天性，跟小雞和小羊一樣。我們也許會長出一個跟鳥嘴一樣的東西，因而改變了我們對美的意識，或者只長出一些齧齒類動物的牙齒。植物的種子和果實也許已足做我們的食物，或許我們會在翠綠的山邊吃草，因為大自然的產物是十分豐盛的。我們既然不必為我們的食物而鬥爭，不必用我們的牙齒去咬失敗的仇敵的肉，一定不會像今日這樣的好鬥。

食物與性情的關係是比我們想像得更密切的。一切草食動物的天性都是和平的：如羊、馬、牛、象、麻雀等；一切肉食動物都是好鬥嗜殺的：像狼、獅、虎、鷹等。要是我們是屬於草食類，我們的天性就比較像牛、羊、象了。在不需要戰鬥的地方，大自然並不造出好鬥的性情。公雞還在搏鬥，可是牠們不是為食物，而是為雌性而搏鬥的。在人類社會中的男人，彼此間還會發生這種鬥爭的，可是我們所看見的今天的歐洲，為輸出罐頭食物的權利而鬥爭，和這種鬥爭是不大相同的。

我不知道猴子會吃猴子，可是我卻知道人會吃人，因為人類學上的一切證據，的確是證明吃人肉的習俗是十分普遍的，我們的祖宗便是這種肉食的動物。所以，我們在幾種意義上——個人的、社會的、國際的——依然在互相吞食，又何足怪？

吃人的蠻子對於這種殺戮的事情頗為坦白，至少這一點是值得稱許的。他們承認殺人是一種不合宜然而無可避免的罪惡，可是依然很乾脆地把他們已殺死的仇敵的美味腰肉、肋骨，和肝臟吃掉。吃人的蠻子殺死了仇敵，把他們吃掉，而文明的人類殺死了仇敵，把屍首埋葬了，在墓上豎起十字架來，為他們的靈魂禱告，這麼一來，我們在自大和惡脾性之外，又加上蠢笨了。這似乎就是吃人蠻子和文明人類的差異。

我頗能理解我們是在朝著完美的路上走的，這意思是說，我們在目前還是非常不完全的。我想我們現在便是在這種境地中生活。我們要發展到有沙囊動物的性時，才可以稱為真正開化的人類。

在現代人之間，我看肉食和草食的動物都有——那種性情可愛的，和那種性情不可愛的。草食的人終身管自己的事情，而肉食的人則以管別人的事為生。我在十年前嘗試了四個月的政治生涯以後，便棄絕仕途，因為我早就發現我天生不是肉食動物，雖說我也很喜歡吃好肉排。

世界上有一半人花時間去做事。另外一半的人強迫別人替他們做事，或是弄到別人不能做事。肉食者的特點是專門喜歡格鬥、操縱、欺騙、鬥智，以及先對敵人下手，在做這種事情的時候，都把真興趣和真本領表現出來，可是我得表白，我對於這種手段是絕對不會贊成的。不過這完全是本能的問題；天生有格鬥本能的人似乎喜歡這種舉動，在這種舉動中陶醉著。

同時，那種真有創造才能、有做他們自己的事的才能，或熟悉其本行的才能者，對於這一方面，往往似乎是太不發展了。有多少善良的、沉靜的、草食類的教授，和別人競爭起來時，似乎完全缺乏前進的貪欲和才能，可是我實是多麼稱讚他們啊！

事實上，我敢說全世界富創造力的藝術家，在管自己的事上比在管別人的事上好得多，因此也都是草食類的。草食人種的繁殖超過肉食人種的繁殖，這就是人類「真進化」。可是在目前，肉食人種必定還是我們的統治者。在相信強壯的肌肉的世界上，一定是如此的。

論東西文化的幽默

（第三十七屆筆會在漢城召開會議時的演講）

各位女士和各位先生，我得以〈論東西文化的幽默〉這個題目，向本屆會議所特別提出的主題發表表演說，深感欣幸。記得伯格森說過：「幽默可使緊張的情緒疏散、神經鬆弛。」我希望我們在討論這一主題之後，大家不至於再犯上過分緊張的錯誤。

幽默是人類心靈開放的花朵

一般認為哭是一種動物所共有的本能，笑卻只是猿猴的特性；這種特性只有我們和我們的祖先人猿才有。我不妨補充一句：思想是人的本能，但對一個人的錯誤，以微微一笑置之卻是神了。

我不否認海豚很會嬉戲作樂。至於象和馬會不會笑，我卻不知道了。即使他們會的話，似乎也不能很明顯的表現出來。我認為幽默的發展是和心靈的發展是並進的。因此幽默是人類心靈舒展的花朵，它是心靈的放縱或是放縱的心靈。唯有放縱的心靈，才能客觀地靜觀萬事、萬物而不為環境所囿。

維多利亞女王的遺言

這可以算得是文明的一項特殊賜予，每當文明發展到了相當的程度，人便可以看到他自己的錯誤和他與別人的錯誤，於是使出現了「幽默」。每當人的智力能夠察覺統治人們的愚行、政客們的偽善面孔與矯揉造作的情態、我們自己的夢想與現實脫節，「幽默」便必然表現於文學。

故幽默也是人類領悟力的一項特殊賦予。我特別欣賞維多利亞女王臨終前的最後遺言。當她知道她的死期已到，這位大英帝國統治者的最後一句話：「我已盡力而為了。」她知道她不是完人，只不過是已盡了她一生最大的努力。我喜歡那種謙虛、那種健全的熱情和具有人情味的智慧。這就是最好的一種幽默。

搔癢是人生一大樂趣

有時我們把幽默和機智混為一談。或者甚至把它混淆為對別人的嘲笑和輕蔑。實際發自這種惡意的態度，應稱之謂「嘲謔」或「譏諷」。嘲謔與譏諷是傷害人的，它像嚴冬刮面的冷風。幽默則如從天而降的溫潤細雨，將我們孕育在一種人與人之間友情的愉快與安適的氣氛中。它猶如潺潺溪流或者照映在碧綠如茵的草地上的陽光。嘲謔與譏諷損傷感情，輒使對方感到尷尬不快而使旁觀者覺得可笑。幽默是輕輕地挑逗人的情緒，像搔癢一樣。

搔癢是人生一大樂趣，搔癢會感覺到說不出的舒服，有時真是爽快極了，爽快得使你不自覺的搔個不休。那猶如最好的幽默之特性。它像是星星火花般的閃耀，然而卻又遍處瀰漫著舒爽的氣息；使你無法將你的指頭，按在某一行文字指出那是它的所在；你只覺得舒爽，但卻不知道舒爽在哪裏；以及為什麼舒服，而只希望作者一直繼續下去。

朋友之間會心的微笑

因此，我們必須把幽默的真諦與各種作用混淆不清的語意加以區分，正如我們要將哄笑與冷笑，捧腹大笑與淡淡的微笑，或者嗤嗤的譏笑，加以區分一樣。

我喜歡一個作家含有淡淡帶哀慟的微笑，那會給我們一點甜蜜的憂鬱，就像葛瑞那首「墓園的哀歌」。絕妙的一種微笑，是兩個朋友相會的「會心的微笑」，即一般所謂「相視莫逆」、「心照不宣」的淺笑。當愛默生和卡爾初次見面時，他們未發一語，而只是像「心心相印」般的發出微笑。這便是中國人向來所最欣賞的「會心的微笑」。

佛祖與基督的愛與恕

各位女士和各位先生，我認為最精微純粹的幽默，便是能逗引人發出一種含有思想並發人深省的笑耍。如果我們是天使，便不需要幽默，我們將整天翱翔在空際並吟唱讚美詩。不幸我們生存在這人間世，居於天使與魔鬼之間的境界。人生充滿了悲哀與憂愁、愚行與困頓。那就需要幽默以促使人發揮潛力、復甦精神的一個重要啟示。

它表現在一種廣大無垠的哀憐中，——以一種悲慟且富有同情的態度來洞察人生。這唯有人類中最偉大的人物始克臻此，正如佛祖和耶穌。我想，佛祖的教訓可用五個字總括，即「憐天下萬物」，而耶穌對那個被捉住的淫婦，正受猶太村民包圍投石時說：「慢著！且讓那些沒有犯過罪的人，投擊第一塊石頭。」——這就是表現出一種寬宏的哀憐並教眾人反省的警惕。也就是崇高的洞察力，對全人類的一種包含著慈悲與仁恕的諒解。

且讓我再舉幾個胸襟偉大的人，所流露出來的一種幽默實例——一種由於承受這人間世所不可避免的事情，或者克復一種缺憾，藉以表現內在潛力的幽默。

蘇格拉底潑辣的妻子

諸位都知道蘇格拉底有一位潑辣的悍妻。蘇格拉底每當受到太太一連串的責罵後，他就走出屋子去找寧靜的地方。他正跨出門外一步，他的悍妻便把一桶冷水從窗口倒在他的頭上，淋得蘇格拉底渾身濕透。他卻毫無慍色，而自言自語的說：「雷聲過後，必然雨下來了。」這樣，便泰然自若的走向雅典市場去了。

他常把結婚比擬為騎馬。如果你想練習騎馬，應當選擇一匹野馬，要是你想駕御一匹馴良的馬以策安全，那就根本不需要練習了。

很少人明瞭希臘哲學中「逍遙學派」的興起，是由於蘇格拉底太太的功勞。倘蘇格拉底沉醉在一個疼愛他的妻子的溫柔懷抱裏，恩愛纏綿；他絕不會遊蕩街頭，拉住路人，問一些令人困窘的問題了。

林肯太太好吹毛求疵

另一個偉人林肯，大概也是由於他那個嘮叨而又容易激動的妻子，促使他做了美國總統。林肯經常坐在酒吧裏跟別人開玩笑。據替他作傳記的人說，每當週末的夜晚來臨，大家都想回家，獨有林肯，是最不願意回家的人。他寧願在酒吧和人廝混，藉以增強他的機智。因而使他獲得那種純樸自然的幽默感，並成為一個精通英語的人。

有一天，一個年輕的報童送報紙給某太太，因為遲到了一刻，便狠狠痛罵他一頓。嚇得那報童抱頭鼠竄而逃，奔向他的老闆哭訴去了。那是一個小市鎮，人人彼此互相認識。日後，報館經理遇到林肯說起這件事，而林肯回答他說：「請你告訴那小夥計不要介意。他每天只看她一分鐘，而我卻已忍受十二年了。」

從蘇格拉底與林肯這兩個例子，我們也可以看出表現在他們幽默中的一種精神慰藉，任何一個能容他的妻子一桶水淋頭的人，便必能成為偉大。

老莊是我國大幽默家

在中國，有好多大哲學家都富有幽默的機智。與孔子同時代的老子便常向孔子開玩笑講著，因為孔子的主張要人經常作修養並不斷地求進步，所以他才主張返璞歸真。在老子看來，像孔子那樣忙著到處亂跑、滿口仁義道德的人，不免顯得有點滑稽可笑。老子說：「失道而後德，失德而後仁，失仁而後義，失義而後禮……。」因此，他說：「知者不言，言者不知。」又說：「聖人不死，大盜不止。」

老子對孔子的批評雖很尖刻，但他的語調還是很婉轉柔和，是從他的鬍鬚裏面發出來的。跟亞里斯多德同一時代，且為老子傑出門徒的莊子，他那種粗壯豪放的笑聲，卻使歷代均深受其影響。

莊子看到當時政法混亂的局面，曾經說道：「竊鉤者銖，竊國者侯。」

莊子有一則關於寡婦的故事。使我聯想起皮特羅尼斯（西元前一世紀的羅馬諷刺家）所著那本《艾菲薩斯的寡婦》。

一天，莊子從山林中散步歸來，神情顯得非常悲傷。他的門徒問道：「先生為何顯得這麼悲傷呢？」於是他便說：「我在散步的路旁，看到一個服喪的婦人跪在墓地上，手裏拿著一把扇子用力搧，座新墳，而墳上的泥土還沒乾呢！我就問她：『為什麼要這樣做呢？』那寡婦回答說：『我曾應允我親愛的丈夫，我要等到他的墳土乾了以後才會改嫁，現在你看，這可恶的天氣！』」

我很快慰，我們有老子和莊子那樣的聖人，如果沒有他們，則中華民族早已成為一個神經衰弱的民族了。

孔子對挫折付之一笑

現在來談談孔子。孔子曾經被人描繪成一個道貌岸然、規行矩步的學究。其實，他根本就不是那種人。他能笑他自己所以失敗和挫折的遭遇。孔子表面上雖像是個失敗的人，他離鄉背井、出國遠行，周遊列國四十年，想找尋一位願意將他的主張付諸實施的統治者。

他從一個城市走到另一個城市，他的門徒跟隨著他，卻一路上老是受到妒嫉他的政客痛恨。有好幾次他被敵人在路上加以攔截，甚至有一次被圍困在郊外一家小客棧中絕糧七日。當他的門徒開始發生怨聲時，孔子卻在雨中唱起歌來。

孔子到鄭國，有一天他和門徒走散了，孔子獨自個站在城東門。鄭人或謂子貢曰：「東門有人，其額似堯，其項類皋陶，其肩類子產，然自腰以下不及禹三寸，壘壘若喪家之狗。」孔子欣然笑曰：「形狀未也，而似喪家之狗，然哉然哉。」你們看他泰然自若的態度多有趣。

新儒家特別缺乏幽默

我想在結束這篇演說時再說一點，每當人的精神頹廢而退化，偽善而誇大的陳腔濫調，甚至殘酷，便會再度抬起頭來。孔子的容忍、幽默，和富於人情味的熱情便被忘卻了，於是一些新儒家，便把他的教訓納入一套嚴厲的道德法典中，諸如女人纏足、寡婦守節、一個女子在其未婚夫於婚前夭折，即不得改嫁他人等等，竟成為一種崇尚的婦德，非常受到新儒家的鼓勵和欽佩。

在這些學者論道德的文章中，就找不出一點人情味和幽默感。而在一些匿名作家或不敢將其姓名簽署於文學作品的作家所寫的小說中，我們才再度找到幽默和一種比較能真實反映人生，符合一般人思想、知覺與情緒的東西。

金聖嘆的三十三不亦快哉

我們現在可以考究並欣賞一位中國人自述的快樂時刻了。十七世紀印象派的大批評家金聖嘆在《西廂記》的批語中，曾寫出他覺得快樂的時刻，這是他和朋友於陰雨連綿的十日中，在一座廟宇裏計算出來的。

下面就是他認為是人生真快樂的時刻，在這種快樂的時刻中，精神是和感官錯綜地聯繫著的：

其一：夏七月，赤日停天，亦無風，亦無雲；前後庭赫然如洪爐，無一鳥敢來飛。汗出遍身，縱橫成渠。置飯於前，不可得吃。呼簟欲臥地上，則地濕如膏，蒼蠅又來緣頸附鼻，驅之不去。正莫可如何，忽然天黑車軸，疾澍澎湃之聲，如數百萬金鼓。檐溜浩于瀑布，身汗頓收，地燥如掃，蒼蠅盡去，飯便得吃。不亦快哉！

其一：十年別友，抵暮忽至。開門一揖畢，不及問及船來陸來，並不及命其坐床坐榻，便自疾趨入內，卑辭叩內子：「君豈有斗酒如東坡婦乎？」內子欣然拔金簪相付。計之可作三日供也。不亦快哉！

其一：空齋獨坐，正思夜來床頭鼠耗可惱，不知其戛戛者是損我何器，嗤嗤者是裂我何書。中心回惑，其理莫措，忽見一狻貓，注目搖尾，似有所睹。斂聲屏息，少復待之，則疾趨如風，槭然一聲。而此物竟去矣。不亦快哉！

其一：於書齋前，拔去垂絲海棠紫荊等樹，多種芭蕉一二十木。不亦快哉！

其一：春夜與諸豪士快飲，至半醉，住本難住，進則難進。旁一解意童子，忽送大紙炮可十餘枚，便自起身出席，取火放之。硫磺之香，自鼻入腦，通身怡然。不亦快哉！

其一：街行見兩措大執爭一理，既皆目裂頸赤，如不戴天，而又高拱手，低曲腰，滿口仍用者也之乎等字。其語刺刺，勢將連年不休。忽有壯夫掉臂行來，振威從中一喝而解。不亦快哉！

其一：子弟背誦書爛熟，如瓶中瀉水。不亦快哉！

其一：飯後無事，入市閑行，見有小物，戲復買之，買亦已成矣，所差者甚鮮，而市兒苦爭，必不相饒。便掏袖下一件，其輕重與前直相上下者，擲而與之。市兒忽改笑容，拱手連稱不敢。不亦快哉！

其一：飯後無事，翻倒敝篋。則見新舊逋欠文契不下數十百通，其人或存或亡，總之無有還理。背人取火拉雜燒盡，仰看高天，蕭然無雲。不亦快哉！

其一：夏月科頭赤足，自持涼傘遮日，看壯夫唱吳歌，踏桔槔。水一時湓湧而上，譬如翻銀滾雪。不亦快哉！

其一：朝眠初覺，似聞家人嘆息之聲，言某人夜來已死。急呼而訊之，正是一城中第一絕有心計之人。不亦快哉！

其一：夏月早起，看人於松棚下，鋸大竹作筒用。不亦快哉！

其一：重陽匝月，如醉如病，朝眠不起。忽聞眾鳥畢作弄晴之聲，急引手搴帷，推窗視之，日光晶瑩，林木如洗。不亦快哉！

其一：夜來似聞某人素心，明日試往看之。入其門，窺其閨，見所謂某人，方據案面南看一文書。顧客入來，默然一揖，便拉袖命坐曰：「君既來，可亦試看此書。」相與歡笑，日影盡去。既已自飢；徐問客曰：「君亦飲耶？」不亦快哉！

其一：本不欲造屋，偶得閒錢，試造一屋。自此日為始，需木、需石、需瓦、需磚、需灰、需釘，無晨無夕，不來聒于兩耳。乃至羅雀掘鼠，無非為屋校計，而又都不得屋住，既已安之如命矣。忽然一日屋竟落成，刷牆掃地，糊窗掛畫。一切匠作出門畢去，同人乃來分榻列坐。不亦快哉！

其一：冬夜飲酒，轉復寒甚，推窗試看，雪大如手，已積三四寸矣。不亦快哉！

其一：夏日於朱紅盤中，自拔快刀，切綠沉西瓜。不亦快哉！

其一：久欲為比丘，若不得公然吃肉。若許為比丘，又得公然吃肉，則夏月以熱湯快刀，淨割頭髮。不亦快哉！

其一：存得三四癩瘡於私處，時呼熱湯關門澡之。不亦快哉！

其一：篋中無意忽檢得故人手跡。不亦快哉！

其一：寒士來借銀，謂不可啟齒，於是唯唯亦說他事。我窺見其苦意，拉向無人處，問所需多少。急趨于內，如數給與，然後問其必當速歸料理是事耶，為尚得少留共飲酒邪。不亦快哉！

其一：坐小船，遇利風，若不得張帆，一快其心。忽逢艑舸，疾行如風。試伸挽鉤，聊復挽之。不意挽之便著，因取纜纜向其尾，口中高吟老杜「青惜峰巒，黃知桔柚」之句，極大笑樂。不亦快哉！

其一：久欲覓別居與友人共住，而苦無善地。忽一人傳來云，有屋不多，可十餘間，而門臨大河，嘉樹蔥然。便與此人共吃飯畢，試走看之，都未知屋如何。入門先見空地一片，大可六七畝許，翌日瓜菜不足復慮。不亦快哉！

其一：久客得歸，望見郭門，兩岸童歸，皆作故鄉之聲。不亦快哉！

其一：佳磁既損，必無完理。反覆多看，徒亂人意。因宣付廚人作雜器充用，永不更令到眼。不亦快哉！

其一：身非怪人，安能無過。夜來不覺私作一事，早起怦怦，實不自安。忽然想得佛家有布薩之法，不自復藏，便成懺悔。因明對生熟眾客快然自陳其失。不亦快哉！

其一：看人作擘窠大書，不亦快哉！

其一：推紙窗放蜂出去，不亦快哉！

其一：作縣官，每日打退堂鼓時，不亦快哉！

其一：看人風箏斷，不亦快哉！

其一：看野燒，不亦快哉！

其一：還債畢，不亦快哉！

其一：讀《虯髯客傳》，不亦快哉！

可恨的拜倫，他一生只有過三個快樂的時刻！他如果不是一個病態的、極不均衡的人，一定是給他那個時代的憂鬱流行病所影響。假如憂鬱的感覺不是那麼時髦的話，我相信他至少有三十個快樂的時刻，而不僅三個而已。

由以上的話看起來，世界豈不是一席人生的盛宴，擺起來讓我們去享受——只是由感官去享受，同時我們有一種文化，承認這些感官的歡樂的存在，使我們也可以坦白地承認這些感官的歡樂的存在，這豈不是很明顯嗎？

我疑心，我們之所以故意閉目不看這個充滿著感官的美妙的世界，乃是因為那些精神主義者弄得我們恐懼這些東西。如果我們有一個更高尚的哲學，我們應該能夠重新信任這個我們稱為「身體」的優美的收受器官，把我們輕視感官和恐懼感官的心理掃除了去。

如果這些哲學家還不能使物質昇華，還不能把我們的身體變成一個沒有神經、沒有味覺、沒有嗅覺、沒有色覺、沒有動覺，和沒有觸覺的靈魂；如果我們還不能徹底模仿印度的制欲主義者的行為，那麼，讓我們勇敢地面對著現實的人生吧！因為唯有承認現實人生的哲學，才能夠使我們獲得真快樂，也唯有這種哲學才是合理的、健全的。

我未曾做過的事

根據中國學者的偉大的傳統，他們常為他們的書齋選取幾個富於詩意的題名。我也為我的取了一個，叫做『有不為齋』。這雖然是相當長的題名，但還不及另一個著名的書齋『仰視千七百二十九鶴齋』的一半。直接引起我齋名的是康有為，他名字的含意是他將去做許多偉大的事業。「有不為」的意思恰恰相反，是一個人不肯去做許多偉大的事業。自然，一切相反者在本質上頗為類似，余與康有為，彼此的說法雖大不相同，然在原則上並無衝突。孟子有句名言，有所不為然後可以有為。這齋名的另一特點是暗示了中國的文化。也可以解釋為「余不能做事」，「余從未曾做任何有價值之事」，「余係一毫無價值之流」等等。因此可以與其他文雅之齋名並列。

我的朋友常問我何以取此齋名，以及何種偉大事業我未曾做過。這個問題任何人均難答覆。這問題頗讓人搜索枯腸。我幾乎全不知道有多少事我未曾做過，我不曾去計算過，這樣一問，才使我想起，現在我正坐在打字機前，細細思量。我已感到也許得請求上帝饒恕我曾做過的許多事情，其實我所忽略未做之事，也不是成為可讓我終於登天的事情。所以，看吧——

- 我從未乞求過別人的親筆手跡。
- 我從未能背誦總理遺囑，靜默三分鐘時亦從未能停止胡思亂想。
- 我從未與妻子離婚，完全沒有做教育領袖的資格。
- 我在任提倡國貨大會主席時，從未穿過西裝出席，亦從未乘汽車去參加提倡體育的運動會。
- 我亦從未對做這種傻事的人有何意見?
- 我憎厭體力，從未騎牆，在身體上，精神上，或政治上，亦從未翻過斛斗。我甚至不辦風向。
- 我從未作文取媚權貴，我亦從不能起草作一宣言，獲取要人讚許。
- 我亦從未出言取悅他人，我從未有此企圖。
- 我記性很好，從未一朝稱月亮為方，他日又稱月亮為圓。

• 我從未誘姦年輕女郎，所以不會把她們當成危險物看待。我從未有長腿張宗昌之思想，禁止少女出入公園，以培植我的私人道德。

• 我從未不勞而獲，取國人一分一毫。

• 我素喜革命，但從未喜歡過革命家

• 我從未沾沾自喜，自滿自足；我從未在對鏡時恬不知恥。

• 我從未咒罵或踢蹴我的傭人，讓他們以為我是一個大活寶。我的傭人並不羨慕我賺錢的才能，他們都知道我的錢來自何處。

• 我從未讓我的傭人認為「揩油」為理所當然，因為我從未讓他們感覺揩油我的錢，即是以他人之錢，還諸他人。

• 我從未以自吹自捧之稿件送交報紙刊載，亦從未讓我的祕書代辦。

• 我從未以我的放大照片，分送給我的兒子們，叫他們懸掛在他們的客廳中。

• 我從未對討厭我的人，假裝我喜歡他們。

• 我從未慇懃，嫻雅與奸詐。

• 我對小政客極度憎惡，在我參加的任何團體中我從未與他們展開論戰。我總是溜之大吉，避不見他們，因為我實在不喜歡他們的臉。

• 討論到國家的政治時，我從未表示無關痛癢，或做外交式的敷衍，我從未有學士風度，易於屈膝，偽裝作善。

• 我從未拍打別人的肩膀，慈善為懷，而被推舉進扶輪社。我喜歡扶輪社正如同我喜歡青年會一樣。

• 我從未在城市中救出任何少女，或在鄉村下救出任何野人。

• 我從未感到有罪。

• 我想我的德行一如常人，如上帝愛我祇及我母親愛我之半，祂不會遣送我進地獄。設若我不升天堂，世界上再沒有好人了。

中國人之聰明

聰明是與糊塗相對而言。鄭板橋曰：「難得糊塗」、「聰明難，由聰明轉入糊塗為尤難」此對聰明語，有中國人之精微處世哲學在焉。

俗語曰：「聰明反為聰明誤。」亦同此意。陳眉公曰：「唯有知足人，鼾鼾睡到曉，唯有偷閒人，憨憨直到老。」亦絕頂聰明語也。放在中國，聰明與糊塗復合為一，而聰明之用處，除裝糊塗外，別無足取。

中國人為世界最聰明之一民族，似不必多方引證。能發明麻將牌戲及九龍圈者，大概可稱為聰明的民族。中國留學生每在歐美大學考試名列前茅，是一明證。或謂此是由於天擇，實非確論，蓋留學者未必皆出類拔萃之輩，出洋多由家庭關係而已。以中國農工與西方同級者相比，亦不見弱於西方民族。此尚是題外問題。

惟中國人之聰明有西方所絕不可及而最足稱異者，即以聰明抹殺聰明之聰明。聰明、糊塗合一之論，極聰明之論也。僅見之吾國，而未見之西方。此種崇拜「糊塗主義」，即道家思想，發源於老莊。

老莊固古今天下第一等聰明人，《道德經》、《五千言》亦世界第一等聰明哲學。然聰明至此，已近老滑巨奸之哲學，不為天下先，則永遠打不倒，蓋老滑巨奸之哲學無疑。蓋中國人之聰明達到極頂處，轉而見出聰明之害，乃退而守愚藏拙以全其身。

又因聰明絕頂，看破一切，知「為」與「不為」無別，與其為而無效，何如不為以養吾生。另因此一著，中國文明乃由動轉入靜，主退、主守、主安分、主知足，而成為重持久不重進取、重禮讓不重戰爭之文明。

此種道理，自亦有其住處。世上進化，誠不易言。熙熙攘攘，果何為者。何若「退一步想」，知足常樂以求一心之安。此種觀念灌入人腦中時，則和「禮」成為社會之美德，若「有福莫享盡，有勢莫使盡」，亦極精微之道也。

惟吾恐中國人雖聰明、善裝糊塗，而終反為此種聰明所誤。中國之積弱，即是聰明太過所致。世上究是糊塗者佔便宜，抑是聰明者佔便宜，抑是由聰明轉入糊塗者佔便宜，實未易言。

熱河之敗，敗於糊塗也。惟以聰明的糊塗觀法，熱河之失，何足輕重？此拾得和尚所謂：「且過幾年，你再看他」之觀法。

錦州之退，聰明所誤也。使糊塗的白種人處於同樣境地，雖明知兵力不敵，亦必背城借一，寧為玉碎，不為瓦全與日人一戰。

夫玉碎瓦全，糊塗語也。以張學良之聰明，乃不為之。然則聰明是耶、糊塗是耶，中國人聰明耶、白種人聰明耶，吾誠不敢言。

吾所知者，中國人既發明以「聰明裝糊塗」之「聰明」的用處，乃亦常受此種絕頂聰明之虧。凡事過善於計算個人利害而自保，卻難得一糊塗人肯勇敢任事，兩國事乃不可為。吾讚朱文公《政訓》，見一節云：

「今世士大夫，惟以苟且逐旋挨事過去為事。挨得過時且過。上下相休以勿生事，不要理會事。且恁糊塗，才理會得分明，便做官不得。有人少負能聲，及少經挫抑，則自悔其太惺惺了了，一切刻方為圓，隨俗苟且，道是年高見識長進……風俗如此，可畏可畏！」

可見宋人已有此種毛病，不但「今世士大夫」然也。夫「刻方為圓」，不傷人感情、不辨是非、與世浮沉，而成一老滑巨奸，為個人計，固莫善於此，而為社會國家計，聰明乎？糊塗乎？則未易言。

在中國多一見識長進人時，便是世上少一做事人時；多一聰明同胞時，便是國事走入一步酣睡鄉時；舉國鼾鼾睡到曉、憨憨直到老。舉國皆認「三十六計走為上策」之聖賢，而獨無一失計之糊塗漢子。舉國皆不吃眼前虧之好漢，而獨無一肯吃虧之弱者，是國家之幸乎？

是國家之幸乎？然則中國人雖絕頂聰明，歸根結柢，仍是聰明反為聰明誤。嗚乎，吾焉得一位糊塗大漢而崇拜之。

中國人之德性

一、圓熟

「德性」（Character）是一個純粹英國典型的字，除了英國以外，在他們的教育和人格的理想上，把「德性」看得像中國那樣著重之國家恐怕是很少、很少了。中國人的整個心靈好像被它所占著，致使他們的全部哲學，真無暇以計及其他。全然避免離世絕俗的思想，不捲入宗教的誇耀的宣傳，這種建樹德性的中心理想，經由文學、戲劇、諺語勢力的傳導，穿透到最下層的農夫，使他有一種憑藉以之遵奉的人生哲理。

不過英語「Character」一字，尚表現有力量、勇氣、癖性的意義，有時更指當憤怒、失望之際所顯的抑鬱；而中國文中的「德性」一語，使我浮現出一個性情溫和而圓熟的人物的印象，他處於任何環境，能保持一顆鎮定的心，清楚地了解自己，亦清楚地了解別人。

宋代理學家深信「心」具有控制感情的優越勢力。並自負地斷言，人苟能發明自己的本心並洞悉人生，則常能克勝不利之環境。

《大學》為孔教的入門書籍，中國學童初入學，常自讀此書始。它把「大學之道」定義為「在明明德」，這樣的意義，殆不可用英語來解釋，只可以說是知識的培育發展而達於智慧的領悟。

人生和人類天性的圓熟的領悟，常為中國德性的理想；而從這個領悟，又抽繹出其他的美質，如和平、知足、鎮靜、忍耐，這四種美質，即所以顯明中國人德性之特徵。

德性的力量，實際即為「心」的力量，孔門學者作如是說。而當一個人經過智育的訓練而養成上述的德行，則我們說，他的「德性」已經發育了。

往往此等德行的修進，得力於孔教的「宿命論」。宿命論乃和平與知足之源泉，適反乎一般所能置信者。一位美麗而有才幹的姑娘，或欲反對不適合之婚姻，但若是在一個偶然的環境使她與未婚夫婿不期而遇，則可使她信以為這是天意欲牽合此一對配偶，她馬上可以領悟她的命運而成為樂觀知足之妻子，因為她的心目中，丈夫是命中注定的冤家。

而中國有句俗語，叫做：「前世的冤家，狹路相逢。」有了這樣的理解，他們曾相親相愛，又時時會吵吵鬧鬧、扭做一團、打個不休，所謂「歡喜冤家」。

因為他們相信頂上三尺有神明，而這神明卻監臨下界，有意使他們免掉此等吵吵鬧鬧玩的把戲。

我們倘把中華民族加以檢討，而描繪出他們的民族德性，則可以舉出下列種種特徵：

（一）穩健，（二）淳樸，（三）愛好自然，（四）忍耐，（五）無可無不可，（六）老滑俏皮，（七）生殖力高，（八）勤勉，（九）儉約，（十）愛好家庭生活，（十一）和平，（十二）知足，（十三）幽默，（十四）保守，（十五）好色。

大體上，此等品性為任何民族都可能有的單純而重要的品性。而上述所謂德性中之幾項，實際乃為一種惡行，而非美德。另幾項則為中性品質，它們是中華民族之弱點，同時亦為生存之力量。

心智上穩健過當，常挫弱理想之力而減損幸福的發惶；和平可以轉化為怯懦的惡行，忍耐也可以變成容納罪惡的病態之寬容；保守主義有時可為遲鈍、怠惰之別名，而多產對於民族為美德，對於個人則為缺點。

但上述一切性質都可以統括起來包容於「圓熟」一個名詞裏頭。而此等品性是消極的品性，它們顯露出一種靜止而消極的力量，不是年輕的活躍與羅曼史的力量。它們所顯露的文化品性，好像是含有以支持力和容忍力為基礎之特質，而沒有進取和爭勝精神的特質。

因為這種文化，使每個人能在任何環境下覓取和平，當一個人有妥協精神而自足於和平狀態，他不會明瞭年輕人的熱情於進取與革新具有何等意義。

一個老大民族的古老文化，才知道人生的真價值，而不復虛勞以爭取不可達到之目的。中國人把心的地位看得太高，以致剝削了自己的希望與進取欲。

他們無形中又有了一條普遍的定律；幸福是不可以強求的，因而放棄了這個企望，中國常用語中有云：「退一步著想」，故從無冒進的態度。

所謂「圓熟」，是一種特殊環境的產物。實際任何民族特性都有一有機的共通性，其性質可視其周圍的社會、政治狀況而不同；蓋此共通性，即為各個民族所特有的社會、政治園地所培育而發榮者也。故「圓熟」之不期而然出產於中國之環境，一如各種不同品種的梨，出產於其特殊、適宜的土地。

也有生長於美國的中國人，長大於完全不同的環境，他們就完全不具普通中國人之特性；他們的單純的古怪鼻音，他們的粗率而有力的言語，可以沖散一個教職員會議。他們缺乏東方人所特有之優點、柔和的圓熟性。

中國的大學生比之同年齡的美國青年來得成熟蒼老，因為初進美國大學一年級的中國青年，已不甚高興玩足球、駕汽車了。他老早另有了別種老年人的嗜好和興趣，大多數且已結過了婚。

他們有了愛妻和家庭牽掛著他們的心，還有父母勞他們懷念，或許還要幫助幾個堂兄弟求學、負擔，使得人莊重嚴肅，而民族文化的傳統觀念，亦足使他們的思想趨於穩健，早於生理上自然發展的過程。

但是中國人的圓熟，非自書本中得來，而出自社會環境，這個社會見了少年人的盛氣熱情，會笑出鼻涕來。中國人有一種輕視少年熱情的根性，也輕視改革社會的新企圖。

他們譏笑少年的躁進，譏笑「天下無難事」之自信，所以中國青年老是被教導在長者面前縮嘴閉口，不許放肆，中國青年很快的理會這個道理，因此他們不肯戇頭戇腦、硬撐革新社會的計畫，反而附從譏評，指出種種可能的困難，不利於任何新的嘗試。

如此，他踏進了成熟的社會。於是留學生自歐美回國了，有的煊煊赫赫地製造牙膏，叫做「實業救國」；或則翻譯幾首美國小詩，叫做「介紹西洋文化」。又因他們須擔負大家庭生活，又要幫助堂兄弟輩尋覓位置。假使他任職教育界，勢必不能常坐冷板凳，必須想個方法巴求飛黃騰達；譬如說做個大學校長，這才不失為家庭好分子。這樣向上攀爬的過程，給了他一些生命和人性上不可磨滅的教訓。

假使他忽略了這種種經驗，仍保持其年輕熱血的態度，到了三十歲還興奮地主張改進革新，那他倘不是徹底的呆子，便是搗亂分子。

二、忍耐

讓我先來談談三大惡劣而重要的德性，（一）忍耐，（二）無可無不可，（三）老滑俏皮。

它們是怎樣產生的？我相信這是文化與環境的結果，所以它們不必是中國人心理狀態的一部分。

它們存在迄於今日。因為我們生存於數千特性的文化與社會的勢力下。倘此等勢力除去，其品性亦必相當地衰微或消滅，為天然之結論。

「忍耐」的特性為民族謀適合環境之結果，那裏人口稠密，經濟壓迫使人無盤旋之餘地，尤其是家族制度的結果，家庭乃為中國社會之雛型。

「無可無不可」之品性，大部分緣於個人自由缺乏法律保障，而法律復無憲法之監督與保證。老滑俏皮導源於道家之人生觀，——「老滑俏皮」這個名詞，恐猶未足以盡顯這種品性的玄妙的內容，但亦缺乏更適當的字眼來形容它。

當然，上述三種品性皆導源於同一環境，其每一品性列舉一原因者，乃為使眉目較為清楚。

「忍耐」為中國人民之一大美德，無人能猜想及有受批駁之虞。實際上，它所應受批駁的方面，直可視為惡行。中國人民曾忍受了暴君、虐政、無政府種種慘痛，遠過於西方所能忍受者，且頗有視此等痛苦為自然法則之意，即中國人所謂「天意」也。

四川省一部分，賦稅預徵已達三十年之久，人民除了暗中詛罵，未見有任何有力之反抗。若以基督徒的忍耐與中國人做一比較，不啻唐突了中國人。中國人之忍耐，蓋世無雙，恰如中國的景泰藍瓷器之獨步全球。周遊世界之遊歷家，不妨帶一些中國的「忍耐」回去，恰如他們帶景泰藍一般，因為真正的個性是不可摹擬的。

我們的順從暴君之苛斂橫徵，有如小魚之游入大魚之口，或許我們的忍苦量假使小一些，我們的災苦倒會少一些，也未可知。

可是此等容忍折磨的度量，今被以「忍耐」的美名，而孔氏倫理學又諄諄以容忍為基本美德而教誨之，奈何奈何。我不是說忍耐不能算是中國人民之一大德性。

基督說：「可視福哉，溫良謙恭，惟是乃能承受此世界。」我不敢深信此言。中國真以忍耐德性承受此半洲土地而守有之乎？中國固把忍耐看作崇高的德行，我們有句俗語說：「小不忍，則亂大謀。」由是觀之，忍耐是有目的的。

訓練此種德行的最好學校，是一個大家庭。那兒有一大群媳婦舅子、妹婿姊夫、老子和兒子，朝夕服習這種德行；竭力互相容耐，在大家庭中；即使掩門密談，亦未免有忤逆之嫌，故絕無個人迴旋之餘地。

人人從實際的需要以及父母的教訓，自幼受了訓練使互相容忍，俾適合於人類的相互關係。深刻而徐進的日常感染之影響於個性，是不可忽視的。

唐代宰相張公藝，以九代同居為世所豔羨。一日，唐高宗有事泰山，臨幸其居，問其所以能維持和睦之理，公藝索一紙一筆，書「忍」字百餘為對。天子為流涕，賜縑帛而去。

中國人非但不以此為家族制度之悲鬱的注解，反而世世羨慕張公之福，而「百忍」這句成語，化成通俗的格言，常書寫於朱紅箋以為舊曆元旦之門聯。

只要家族制度存在，只要社會建立於這樣的基礎上，即人不走一個獨立的個體，但以一個分子的身分生活於和諧的社會關係中；那很容易明瞭忍耐何以須視為最高德政，而不可免地培育於這個社會制度裏頭。因為在這樣的社會裏頭，「忍耐」自有其存在之理由。

三、無可無不可

中國人的忍耐雖屬舉世無雙，可是他的「無可無不可」，享盛名尤為久遠。這種品性，我深信又是產生於社會環境。下面有一個對照的例子，故事雖非曲折，卻是意味深長，堪為思維。

我且試讀英國文學裏湯姆．布朗（Tom Brown）母親的臨終遺訓：「仰昂你的頭顢，爽爽直直回答人家的問題。」再把中國母親的傳統的遺囑來做一對比，她們總是千叮萬囑的告誡兒子：「少管閒事，切莫干預公眾的事情。」她們為什麼這樣叮囑，就因為生存於這一個社會裏，那兒個人的權利一點沒有法律的保障，只有模稜兩可的冷淡、消極態度最為穩妥而安全，這就是它的動人之處，此中微妙之旨，固非西方之所易於理會。

據我想來，這種無可無不可態度，不會是人民的天生德性，而是我國文化上的一種奇異產物，是我們舊世界的智慧，在特殊環境下熟籌深慮所磨鍊出來的。

泰納（Taine）說過：「罪惡和美德如糖與硫酸之產物。」除非採取這種絕對的見解，你不難同意於一般的說法。謂任何德行，如容易被認為有益的，則容易動人而流行於社會，亦容易被人接受為生命之一部。

中國人之視無可無不可態度，猶如英國人之視洋傘，因為政治上的風雲，對於一個人過於冒險獨進，其險惡之徵兆需可以預知的。換句話說，冷淡之在中國，具有顯明的「適生價值」。

中國青年具有公眾之精神，並不亞於歐美青年，而中國青年之熱心欲參與公共事業之願望，亦如其他各國青年，但一到了廿五至三十歲之間，他們都變得聰明而習於冷淡了。我們說句：「學乖了！」

中國有句俗話說：「各人自掃門前雪，莫管他家瓦上霜。」淡淡之品性，實有助於圓熟和教育。有的由於天生的智質而學乖了，有的因干預外事惹了禍，吃了一次、二次虧而學乖了。

一般老年人，都寫寫意意玩著不管閒事的模稜兩可把戲，因為老滑頭都認識它在社會上的益處，那種社會，個人權利沒有保障。那種社會，因管了閒事而惹一次禍就太不興致。

無可無不可所具的「適生價值」，是以含存於個人權利缺乏保障而干預公共事務，或稱為「管閒事者」太熱心，即易惹禍之事實。當邵飄萍和林白水——我們的兩位最有膽略之新聞記者——一九二六年被滿洲軍閥槍斃於北平，曾未經一次審訊，其他的新聞記者自然馬上學會了「無可無不可」之哲理而變得乖巧了。故中國最成功的幾位新聞記者，便是一些沒有自己主張的人。像中國一般文人紳士，又像歐美外交家，他們方自誇毫無成見。不論對於一般的人生問題或當前轟動的問題，他們都沒有成見，他們還能幹什麼呢？

當個人權利有保障，人就可變成關心公益的人。而人之所以兢兢自危者，實為誹謗罪之濫施。當此等權利無保障，我們自存的本能告訴我們，不管閒事是個人自由最好的保障。

易辭以言之，「無可無不可」本非高值之德性，而為一種社交的態度。由於缺乏法律保障而感到其必要，那是一種自衛的方式，其發展之過程與作用，無以異於王八之發展其甲殼。中國出了名的無情愫之凝視，僅不過是一種自衛的凝視，得自充分之教養與自我訓練。

我們再舉一例證，則此說尤明。蓋中國之盜賊及土匪，他們不再依賴法律的保障，故遂不具此種冷淡、消極之品性，而成為中國人心目中最俠義，最關心社會公眾的人。

中文中「俠義」二字，幾不可區別地與盜匪並行；《水滸》一書，可為代表。敘述草莽英雄之小說，在中國極為風行，蓋一般人民樂於閱讀此等英雄豪傑的身世及其行事，所以寄其不常之氣焉。

Elinor Glyn（葛琳）（英國女小說家，擅社會與愛情故事，1864～1943）之所以風行，其緣由亦在乎此，蓋美國實存有無數之老處女在焉。強有力之人所以多半關心公眾社會，因為他力足以任此。而構成社會最弱一環之大眾懦弱者流，多半消極而冷淡，蓋彼等須先謀保證自身也。

觀之歷史，則魏晉之史跡，尤足為此說之證明，彼時知識階級對國事漠不關心，意氣至為消沉，乃不旋踵而國勢衰微，北部中國遂淪陷於胡族。蓋魏晉之世，文人學士間流行一種風氣，即縱酒狂醉、抱膝清談，又復迷信道家神仙之說，而追求不死之藥。

這個時代，自周漢以後，可謂中華民族在政治上最低劣的時代，代表民族腐化過程中之末端，逐漸而演成歷史上第一次受異族統治之慘禍。此種清靜淡漠之崇拜，是否出於當時人之天性，假若不是，則由何而產生演變以成。歷史所給予我們之解答，極為清楚而確鑿。

直至漢代以前，中國學者的態度並不冷淡而消極，反之，政治批評在後漢盛極一時，儒生領袖與所謂太學生達三千人，常爭議當時政弊，訐揚幽昧。膽敢攻擊皇族宦官，甚至涉及天子本身，無所忌諱。另因為缺乏憲法之保障，此種運動，最後即被宦官整個禁壓而結束。當時學士兩、三百人連同家族，整批的處死刑或監禁，無一幸免。

這樁案件發生於一六六至一六九年，為歷史上有名的「黨錮之禍」，且刑獄株連甚廣、規模宏大、辦理徹底，致使全部運動為之夭折，其所遺留之惡劣影響，直隔了百年之後，始為發覺。

蓋即發生一種反動的風尚而有冷淡清靜之崇拜。與之相輔而起者。為酒狂、為追逐女人、為詩、為道家神學。有幾位學者遁入山林，自築泥屋、不設門戶，飲食則經由一窗口而授入，如此以迄於死。或則佯作樵夫，有事則長嘯以招其親友。

於是繼之又有竹林七賢之產生，此所謂「竹林七賢」均屬浪漫詩人。如劉伶者，能飲酒累月而不醉，常乘鹿車、攜一壺酒，使人揹負著鍬子而隨之，曰：「死便埋我。」當時人民不以為忤，且稱之為智達，那時所有文人，流風所披，或則極端粗野、或則極端荒淫、或則極端超俗。

另一大詩人阮咸，嘗與婢女私通。一日至友人處宴飲，賓客滿座，其妻即於此時，伺隙遣此婢女去。咸聞之，索騎蹤追，載與俱歸，不避賓客，可謂放誕。而當時受社會歡迎的即是這般人。人民之歡迎他們，猶如小烏龜歡迎大烏龜之厚甲殼。

這裏我們好像已經指明了政治弊病之禍，因而明瞭「無可無不可」之消極態度之由來；此冷淡之消極態度，亦即受盡現代列強冷嘲熱諷之「中國人無組織」之由來。這樣看來，醫治此種弊病的對症良藥很簡單，只要給人民的公民權利予以法律之保障。可是從未有人能見及此。沒有人巴望它，也沒有人誠意、熱切地需要它。

四、老滑俏皮

不妨隨便談談，中國人最富刺激性的品性是什麼？一時找不出適當的名詞，不如稱之為「老滑俏皮」。這是向西方人難以導傳而最奧妙無窮的一種特性，因為它直接導源於根本不同於西方的人生哲學。倘把俏皮的人生觀，來與西方人的文明機構做一比較，則西方的文明就顯見十分粗率而未臻成熟。

做一個比方，假設一個九月的清晨，秋風倒有一些強勁的樣兒。有一位年輕小夥子，興沖沖的跑到他的祖父那兒；一把拖著他，硬要他一同去洗海水浴；那老人家不高興，拒絕了他的要求，那時那少年果然非同小可的一氣，忍不住露出詫怪的怒容，至於那老年人則僅僅愉悅地微笑了一下，這一笑便是「俏皮」的笑。

不過誰也不能說兩者之間誰是對的、誰是錯的。這一切少年性情的匆促與不安定，將招致怎樣的結果呢？而一切興奮、自信、掠奪、戰爭，激烈的國家主義。又將招致怎樣的結果呢？一切又都是為了什麼呢？

對這些問題一一加以解答，也是枉費心機，強制一方面接受其他一方面的意見，也是同樣徒然，因為這一切的一切，都是年齡上的問題。

所謂「俏皮」，是一個人經歷了許多人生的境況，變為實利的、冷淡的、腐敗的行為。就其長處而言，俏皮人給你圓滑而和悅的脾氣，這就是使許多老頭兒能誘惑小姑娘的愛苗而嫁給他們的祕密。假使人生值得什麼，那就是拿和氣、慈祥教了人們以一大教訓。

中國人之思想已體會了此中三昧，並非由於發覺了宗教上的善義，而是得自深奧廣博的觀察與人生無限之變遷。這個狡滑的哲學觀念，可由下面唐代兩位詩僧的對話見其典型：

一日，寒山謂拾得：「今有人侮我、辱我、冷笑笑我、藐視目我、毀我傷我、嫌惡恨我、詐譎欺我，則奈何？」

拾得曰：「子但忍受之，依他、讓他、敬他、避他、苦苦耐他、裝聾作啞、漠然置他、冷眼觀之，看他如何結局。」

此種老子的精神，以種種形式，時時流露於我國的文詞、詩、俗語中；欲舉例子，俯拾即是：如：「三十六計，走為上計」、「乖人不吃眼前虧」、「退一步著想」、「負一子而勝全局」，都是出於同一根源的態度。

此等應付人生之態度，滲透了中國思想的整個機構，人生於是充滿了「再三思維」，充滿了「三十六計」；固執的素質逐漸消磨，遂達到了真實的圓熟境地，這是中國文化的特徵。

就其弊病而言，俏皮——它是中國最高的智慧，阻遏了思想和行動的活躍性，它捶碎了一切革新的願望，它譏誚人類的一切努力，認為是枉費心機，使中國人失去思維與行動之能力。它用一種神妙的方法，減弱一切人類的活動至僅敷充饑及其維持生物的必需之程度。

孟子是一大俏皮家，因為他宣稱人類最大願望為飲食和女人，所謂「食色性也」。已故大總統黎元洪也是一位大俏皮家，因為他能深切體會中國政治格言，而提出了和解黨爭的原則。卻說是：「有飯大家吃」，黎元洪實是一位「實體論者」而不自知。

可是黎元洪所說的，比較他所知道的來得聰明，因為他直截說出了中國現代史上的經濟背景。拿經濟的眼光來解釋歷史，在中國由來已久，亦猶如左拉（Emile Zola）學派之拿生物學來解釋人生是一樣的。

在左拉而言，這是知識的嗜好，而在中國，則是民族的自覺。「實體論者」之於中國，非學而能，乃生而能者。黎元洪從未以「腦動做研究」專家著稱，但是他因為是中國人，知道一切政治問題無非是飯碗問題；因為是個中國人，他給中國政治下了一精深的解釋。

此冷淡而又實利的態度，基於極為巧妙的人生觀，這種人生觀只有古老的老人，和古老的民族始能體會其中三昧；不滿三十歲的年輕人還不夠了解它，所以歐美的年輕民族也還不夠了解它。

故《道德經》著者老子之所以名為「老子」，似非偶然。有些人說，任何人一過了四十歲，便成壞痞子，無論怎樣，我們年紀越大，越不要臉，那是無可否認的。二十左右的小姑娘，不大會為了金錢目的而嫁人。四十歲的女人，不大會不為金錢目的而嫁人。——她們或許稱之為穩當。

《希臘神話》中講過這麼一件故事，不能謂為想入非非，故事講年輕的伊加拉斯因為飛得太高，直讓蠟質的翅翼都融化了，以致撲落而跌入海洋。至於那老頭奇坦達拉斯則低低的飛著，安安穩穩飛到了家中。

當一個人年紀長大了，他發展了低飛的天才，而他的理想又揉和之以冷靜的慎重的常識，加之以大洋錢之渴念。實利主義若是老頭兒之特性，而理想主義則為青年人之特性。過了四十歲，他還不能成為壞痞子，那倘不是心臟萎弱者，便該是天生才子了。

才子階級中便多有「大孩子」，像托爾斯泰、史蒂文生、巴萊。這些人具有天生的孩子脾氣，孩子脾氣揉和以人生經驗，使他們維持永久的年輕，我們稱之為「不朽」。

這一切的一切，徹底說一說，還是純粹的道家哲學，無論在理論上或實際方面；因為世界上搜集一切人生的俏皮哲學者，沒有第二部像那短短的《道德經》那樣精深的著作。

道家哲學在理論上和實際上，即為一種俏皮圓滑的冷淡，是一種深奧而腐敗的懷疑主義。它是在譏諷人類衝突、爭奪的枉費心機，以及一切制度、法律、政府、婚姻之失敗的嘲笑，加以少許對於理想主義之不信心。

此「不信心」之由來，與其說是缺乏毅力，毋寧說由於缺乏信任心。它是一種與孔子實驗主義相對立的哲學，同時亦為所以補救孔教社會之缺點的工具。

孔子對待人生的眼光是積極的，而道學家的眼光則是消極的，由於這兩種根本不同的元素的鍛冶，產生一種永生不滅的所謂「中國民族德性」。

因此當順利的時候，中國人人都是孔子主義者，失敗的時候，人人都是道教主義者。孔子主義者，在我們之間努力建設而勤勞；道教主義者，則袖手旁觀而微笑。故，當中國文人在位則講究德行，閒居則遣情吟詠，所作多為道家思想之詩賦。這告訴你為什麼許多中國文人多寫詩，又為什麼大半文人專集所收材料最多的是「詩」。

因為道家思想有如「嗎啡」，含有神祕的麻痺作用，所以能令人感覺異樣的舒快。它治療了中國人的頭痛和心痛毛病。它的浪漫思想、詩意、崇拜天然，於亂世之秋，竟解了不少中國人的性靈，恰如孔子學說之著功盛平之世。

這樣，當肉體受痛苦的時候，道教替中國人的靈魂準備了一條安全的退路和一服止痛劑。單單道家思想的詩，已能使孔教典型的嚴肅的人生稍微可忍受一些了；而它的浪漫思想，又救濟了中國文學之陷於歌頌聖德與道學說教之無意義的堆砌。

一切優美的中國文學，稍有價值為可讀的、能舒快地愉悅人類的心靈的，都深染著這種道家精神。道家精神和孔子精神是中國思想的陰陽兩極，是中國民族之生命所賴以活動的。

中國人民出於天性的接近老莊思想，基於教育之接近孔子思想。我們忝屬人民一分子，人民之偉大，具有天賦人權，故基於本質的公正概念，足以起草法典，亦足以不信任律師與法庭。百分之九十五的法律糾紛，固在法庭以外所解決。

人民之偉大，又足以制定精細之典禮，但也足以看待它作為人生一大玩笑，中國喪葬中的盛宴和餘興就近乎此類。人民之偉大，又足以斥責惡行，但亦足以見怪不怪，人民又偉大足以發動不斷之革命，但亦足以妥協而恢復舊有之政治。

人民又足以細訂彈劾官吏的完備制度、交通規則、公民服役條例、圖書館閱覽章程，但又足以破壞一切章程制度條例，可以視若無睹、可以欺瞞玩忽，並可以擺出超越的架子。

我們並非在大學校中教授青年以政治科學，示之以理想的行政管理，卻以日常的實例示以縣政府、省政府、中央政府，實際上怎樣幹法。不切實的理想，於我們無所用之，因為我們不耐煩空想的神學。我們不教導青年使成上帝子孫，但使他們以言行模擬聖賢而為正常現世的人物。

這是我為什麼確信中國人本質上是「唯人主義者」，而基督教必須失敗於中國，非然者，它必先大大的變更其內容。基督教教訓中所能被中國人所誠信接受之一部分，將為基督訓誡之如下述者，要「慈和如鴿」、「機敏如蛇」。此兩種德行，如鴿之仁慈與蛇之智慧，是俏皮的兩大屬性。

簡言之，我們固承認人類努力之必需，但亦需容忍它的虛枉。這一個普通心理上的狀態，勢必有一種傾向，發展被動的自衛的智力。

「大事化小事，小事化無事」，在這一個基本原則下，一切中國人之爭論都草草了事、一切計畫綱領大肆修改、一切革命方案大打折扣，直至和平而大家有飯吃。我們有句俗語說：「多一事不如省一事。」它的意義即等於「勿生事」、「莫惹睡狗」。

人的生活像是蠕動於奮鬥力極弱、抵抗力極微的生活線上，並由此而生出一種靜態的心理，使人堪以容忍侮辱而與宇宙相調和。它也能夠發展出一種抵抗的機謀，它的性質或許比侵略更為可怕。

譬如一個人走進飯店，飢腸轆轆，可是飯菜久待不至，不免餓火中燒，此時勢必屢屢向堂倌催促，倘使堂倌粗魯無禮，可以訴之於帳房間以謀出氣；但倘堂倌回答得十分客氣，連喊：「來啦！來啦！」以應，而身體並不動彈一步。則一無辦法，只有默禱上帝，或罵他一、兩聲，還須出以較為文雅之口吻。像這樣的情形，總之，就是中國人的消極力量，這種力量誰領教得更多，誰就最佩服它，這是「老滑俏皮」的力量。

五、和平

前面我們講過了三種惡劣的德性，它們麻痺了中國人的組織力量。此等德性出於一般的人生觀，亦機敏、亦圓熟，尤卓越於能容忍的冷酷。

不過這樣的人生觀，很明顯不是沒有它的美德的價值的，這種美德是老年人的美德，這老年人並不是懷著野心、熱望，以求稱霸於世界的人物，而僅僅是目睹了許多人生變故的一個人。他對於人生並無多大希望，不問此人生之辛甜苦辣；他總是樂於忍受，他抱定一種宗旨，在一個人的命運所賦予的範圍以內，必須快快活活的過此一生。

中華民族蓋老成世故，他們的生活，沒有誇妄，不像基督徒自稱「為犧牲而生存」，也不像一般西方預言家之找求烏托邦。他們只想安寧這個現世的生命，生命是充滿著痛苦與憂愁的，他們知之甚稔。他們和和順順工作著、寬宏大度忍耐著，俾得快快活活的生活。

至於西方所珍重的美德、自尊心、大志，革新欲，公眾精神、進取意識，和英雄之勇氣，中國人是缺乏的。

中國人不歡喜攀爬伯朗山或探險北極；卻至感興趣於這個尋常平凡的世界，蓋他們具有無限之忍耐力、不辭辛苦的勤勉與責任心、慎重的理性、愉快的精神、寬宏的氣度、和平的性情，此等無與倫比之本能。專以適合於艱難的環境中尋求幸福，我們稱之為「知足」——這是一種特殊的品性，其作用可使平庸的生活有愉快之感。

觀之現代歐洲之景象，我們有時覺得她所感受於繁榮不足之煩惱，不如感受於圓熟智慧不足之甚。有時覺得，歐洲總有一天會逢到急遽少壯性與知識繁榮發達甚之弊，科學進步倘再過一世紀，世界愈趨愈接近。

歐洲人將想到學取對於人生，和人與人相互間比較容忍的態度，俾不致同歸於盡。他們或許寧願減少一些煊赫氣焰而增加一分老成的氣度。我相信態度之變遷，不緣於燦爛之學理，而緣於自存之本能而實現。

至此，歐美方面或許會減弱其固執之自信心，而增高其容忍。因為世界既已緊密地聯繫起來，就罷不了相互的容忍，故西方營營不息的進取欲將為之稍減，而了解人生之企望將漸增。騎了青牛出函古關的老子之論行宏見擴傳益廣。

從中國人之觀點觀之，和平非為怎樣高貴而應崇拜的德性，不過很為可取，僅因其為「習慣上共通的理性」，大家以為然，如是而已。假使這一個現世的生命，是我們一切所有的生命，那麼我們倘要想快快樂樂地過活，只有大家和平一些。

從這一個見解，則歐美人的固執己見與不安定的精神，只可視為少壯的粗漢之象徵，如是而已。

中國人浸淫於東方哲學觀念中已能看透：這種不成熟，在歐洲的最近之將來是終究會消滅的。因為萬分狡黠的道家哲學，或許叫你詫異，卻處處浮現出「容忍」這個連語。

「容忍」是中國文化的最大品性，也將成為現代世界文化的最大品性，當這現代文化生長成熟了以後。要磨鍊容忍這種工夫，你需要一些道家典型的陰鬱和經世傲俗之氣概。真正經世傲俗的人是世界上最仁慈的人，因為他看透了人生的空虛，由於這個「空虛」的認識，產生了一種混同宇宙的悲憫。

和平，亦即為一種人類的卓越的認識。倘使一個人能稍知輕世傲俗，他的傾向戰爭的興趣必隨之而減低，這就是一切理性人類都是怯夫的原因。

中國人是全世界最低能的戰士，因為他們是理性的民族。他的教育背景是道家的出世思想揉和以孔教的積極鼓勵，養成一種和諧的人生理想。他們不嗜戰爭，因為他們是人類中最有教養、最能自愛的民族。

一個尋常中國兒童，能知一般歐洲白髮政治家所未知之事；即戰爭的結果會使人喪其生命或殘斷其肢體，不論為一國家抑為個人。中國人雙方起了爭論，很容易促起此種自覺。

此種斟酌的哲學，誘導他們緩於爭論而速於妥協。此種圓熟、老練而俏皮的哲學，教導中國人以忍耐；臨困亂騷動之際，則出之以消極的抵抗；更警誡以勿誇張一時之勝利。

中國有種流行的謙約箴，常說：「財錢不可用罄，福兮不可享盡。」獨斷過甚或利用個人之地位過甚，俗稱為「鋒芒太露」，鋒芒太露常被視為粗鄙之行為而為顛覆之預兆。

英國有句通行俗語，為一般所信守的，叫做「勿打跌倒之人」，蓋出於尊重「堂堂正正之競爭」的心理。而中國與此相近的諺語說：「切勿逼人太過」，乃純粹為修養關係，我們叫它「涵養工夫」，是中國人之文化，更進一步。

是以照中國人之眼光看來，凡爾賽和約不僅不公平，而且是粗野、缺乏涵養工夫。假令法國人在戰勝之日，感染一些道家精神，也就不會硬訂凡爾賽和約，到今天，她的腦袋兒也可以稍稍安枕了。

可是法國還是少壯，德國當然也要同樣的幹，沒有一方面覺悟雙方都是愚拙的，而大家想永遠把對方鎮壓在鐵蹄之下。只因克里蒙梭（Clemenceau）沒有試過《道德經》，希特勒亦然，致令兩方鬥爭不息，兩老莊之徒，則袖手做壁上觀，莞爾而笑。

中國人的和平性情，大部分亦為脾氣關係，兼有人類諒解的意義。中國小孩子在街道中毆鬥的事情，遠較歐美孩子為少。忝為人民，我們成年人也終鮮爭鬥，少於我們應有之程度，雖然我們尚有不息的內戰。

把美國人置於同此弊政之下，在過去二十年中，至少要發生過三十次革命，不是三次。愛爾蘭現在很平靜，因為愛爾蘭已經艱苦奮鬥；我們目前還在繼續奮鬥，因為我們還沒有奮鬥得夠艱苦。

中國的內戰，實在也夠不上「戰爭」這個名詞的真意義，內戰從未有任何價值。國民徵兵之義務向非所知，兵士挺身於戰場者是那些窮苦饑寒的人民；沒有其他糊口的方法，這樣的兵士從不盛興奮於作戰。

而軍閥則對戰爭興高采烈，因為他們不致親臨戰場，幾次較大的內戰總是大洋錋操了勝算，儘管讓勝利的大帥在巨炮隆隆聲中威風凜凜的凱旋，內幕還不是托了大洋錋的福不成。

大師凱旋時的隆隆炮聲，乃是一種表示戰爭的聲浪，不失為歷來一貫的典型，因為中國私人間的爭吵或軍閥內戰，都是讓聲浪構成戰爭的原素。

人們不大容易在中國目睹戰爭，只可耳聞戰爭，如是而已。著者曾耳聞過兩次這樣的戰爭，一次在北京，一次在廈門，那已是滿足了，通常優勢的軍隊常嚇退了劣勢軍隊，而在歐美可以延續長時期的戰爭，在中國只消一個月，就可以結束了。

失敗了的軍閥，根據中國祖傳的公平待遇之理想，讓他掌十萬大洋錋旅費做一次考察實業的歐遊，蓋戰勝者洞悉天道循環之三昧，下一次內戰或許尚有借重他的長才的地方。果然，下一次來一個轉局，十之八九你可以瞧見上次戰勝者和上次逃亡者的軍閥共坐一車，如同盟兄盟弟。

這是中國人涵養工夫的妙處，當此際，人民實實在在一無關係。他們痛恨戰爭，永遠的痛恨戰爭，好百姓從來不在中國戰爭。

六、知足

到了中國的遊歷家，尤其是那些任性深入的遊歷家，他們闖進了外人蹤跡罕至的內地，無不大吃一驚。那裏的農民群眾生活程度如此之低，卻人人埋頭苦幹，他們興奮而知足。

就像在大饑荒的省份，如陝西，此種知足精神，普遍地廣播遐邇，除了極少數的例外；而且陝西的農民也還有能莞爾而笑的。

現代有許多為局外人認為中國人民之痛苦者，乃是以邪惡的歐美生活標準之故。若欲處處以歐美生活標準，殊無人能感受幸福，除非少數階級能居住於高溫的大公寓，而自備一架無線電收音機者。

這個標準假使是正當，那麼一八五〇年以前就未嘗有幸福之人，而美國之幸福人必尤多於巴伐利亞（Bavarian），因為巴伐利亞地方很少有過迴轉輕便的理髮椅，當然更少電鏈和電鈴。但在中國的鄉村裏頭，這些設備可更少。

雖然在極端歐化的上海，那些老式理髮椅已經絕跡，其實這種老式理髮椅才是貨真價實的椅子；而這些老式椅子，你仍可在倫敦和巴黎某些地方發現，照著想來，一個人要坐，還是坐一把名副其實的椅子；要睡，還是睡在名副其實的床上（而不是白晝用的沙發），這才覺得幸福些。

一種生活標準，倘使拿每天使用機械設備的次數，來測量一個人的文明程度的那種標準，一定是不可靠的標準。故許多所謂中國人「知足」之神祕，乃出自西方人之幻覺。

無論如何，若把中國人和西洋人分門別類，一階級歸一階級，處之同一環境下，那中國人或許總是比西方人來得知足，那是不錯的。此種愉快而知足的精神流露於知識階級，也流露於非知識階級，因為這是中國傳統思想的滲透結果。可以到北平去看看著勁兒足而多閒活的洋車夫，他們一路開著玩笑，最好讓同伴翻個筋斗，好叫他笑個痛快。或者可以上牯嶺去看看氣喘喘、汗流浹背抬你上山的轎夫，或者可以到四川去看看引航船逆急流而上行的縴夫（編按：指拉縴繩，使船前進的人），他所能獲得以維持每天生活的微薄報酬，僅足敷一天兩頓菲薄而滿意的苦飯。

照中國知足原理上的見解，若能夠吃一頓菲薄而安逸的苦飯，吃了下肚不致擔心什麼心事，便是大大運氣。中國有位學者說過：「人生但須果腹耳，此外盡屬奢靡。」

知足又為「慈祥」、「和氣」的代名詞，此等字眼到了舊曆新年，大家用朱紅箋寫在通行的門聯裏，這是一半為謙和的箴訓，一半為人類智慧，明代學者即以此意觀人「惜福」。

老子有句格言，現已成為普遍口頭禪，叫做「知足不辱，如止不殆」。在文學裏頭，這個意識常轉化而為田園思想、為樂天主義，人們常能在詩及私人書信中，遇此等情緒。著者暇時嘗於明人尺牘選集中，找出陸深致其友人書一篇，頗足以代表此等情緒：

晚將有佳月，別具畫舫，載鼓吹同泛如何？昨致湖石數株，西堂添卻一倍磊塊新涼，能過我信宿留乎？兼制隱居冠服，待旦夕間命下，便作山中無事老人矣！

（編按．「信宿」指連住兩夜，亦表兩夜之意。）

此種情緒當其滲入流行的學者思想，使他們安居茅舍之中而樂天知命。人類的幸福是脆弱的物體，因為「神」老是嫉妒人類的幸福，幸福問題因而是人生不可捉摸的問題。人類對於一切文化與物質進步雖盡了全力，幸福問題畢竟仍值得人類一切智慧的最大關心以謀解決。中國人竭盡了他們的常識下過最大毅力以謀求此幸福。好像功利主義之信徒，他們常熱心於幸福問題，勝於物質進步問題。

羅素夫人曾聰慧地指出，「快樂的權利」在西方是一個被遺忘了的權利，從前和現在，一向未有人注意及之。西方人的心靈常被次一等的權利觀念所支配著，他們注意於國家預算的表決權、宣戰投票權，和被逮捕時應受審訊的私權。

可是中國人從未想到逮捕時應受審訊的權利，而一意關心著快樂的幸福，這快樂不是貧窮也不是屈辱所能剝奪的。歐美人的處理幸福問題，最後可以收縮為個人的欲望問題。

可是一講到欲望問題，我就感覺到茫無頭緒，我們真正所需的是什麼呢？為了這個緣故，第歐根尼（Diogenes）的故事常令我發笑，同時也著實又羨又妒，因為他宣稱他是一個快活人，原因是他沒有任何欲望。當他見了一個小孩子雙手捧水而飲，索性把自己的飯碗也摔掉，現代的人們，常覺得自己困擾於許多難題中，而大部分與他的人生有密切之關係。他一方面羡慕第歐根尼的逃禪（編按・仇注：「逃禪猶云逃墨逃楊是載而出、非逃而入醉酒而悖其教，故曰：『逃禪』。」）的理想，同時又捨不得錯過一場好戲，或一張轟動的影片的機會，這就是我們所謂要的摩登人物之不安頓的心情。

中國人藉知足哲學消極的企求快樂，但其逃禪的程度尚未達到第歐根尼之深，因為中國人任何事情從未想深造，中國人與第歐根尼不同之點，即中國人到底還有一些欲望，還需要一些東西。不過他所欲望的只是足令他快樂的東西，而要是無法達到目的，則亦並無堅持之意。

譬如他至少需要兩件清潔的襯衫，但若是真正窮得無法可想，則一件也就夠了。他又需要看看名伶演劇，將藉此盡情的享樂一下，但若令他必須離開劇場、不得享樂時，則亦不衷心戚戚。他希望居屋的附近有幾棵大樹，但若令是地位狹窄，則天井裏種一株棗樹也就夠他欣賞。

他希望有許多小孩子和一位太太，這位太太要能夠替他弄幾色配胃口的菜餚才好。假使他有錢的話，那還得僱一名上好廚子，加上一個美貌的使女，穿一條緋紅色的薄褲，當他讀書或揮毫作畫的時候，焚香而隨侍。

他希望得幾個要好朋友和一個女人，這個女人要善解人意，最好就是他的太太，非然者，弄一個妓女也行；但若是他的命宮中沒有注定這一筆艷福，則也不衷心戚戚。

他需要一頓飽餐，薄粥湯和鹹蘿蔔乾在中國倒也不貴，他又想弄一甕上好老酒，米酒往往是家常自釀了的，不然，幾枚銅元也可以到汾酒舖（編按，「汾酒」即指山西汾陽所出產的白酒）去買他一大碗了。他又想過過閒暇的生活，而閒暇時間在中國也不稀罕，他將愉悅如小鳥，所謂「因過竹院逢僧話、又得浮生半日閒」。倘使無福享受怡情悅性的花園，則他需要一間門雖設而常關的茅屋；位於群山之中，小川紆曲縈繞屋前，或則位於溪谷之間。上午已過，可以拽杖閒遊河岸之上，靜觀群鵜（編按，即「鵜鶘」，水鳥名，灰白色，嘴長頷下有囊，捉了魚可藏在囊裏）捕魚之樂。

但若無此清福而必須住居市塵之內，則也不致衷心戚戚。因為他至少總可得養一隻籠中鳥、種幾株盆景花，和一顆天上的明月，明月固人人可得而有之者也，故宋代詩人蘇東坡就為了明月寫了一篇美麗小巧的短文，叫做〈記承天寺夜遊〉：

元豐六年十月十二日夜，解衣欲睡，月色入戶，欣然起行；念無與為樂者，遂至承天寺尋張懷民，懷民亦未寢，相與步入中庭，庭下如積水空明，水中藻荇交橫，蓋竹柏影也。何夜無月，何處無竹柏，但少閒人如吾兩人耳。

一個強烈的決心，以攝取人生至善至美，一般殷熱的欲望，以享樂一身之所有，但倘令命該無福可享，則亦不怨天尤人。這是中國人「知足」的精義。

七、幽默

「幽默者」是心境之一狀態，更進一步，即為一種人生觀的觀點、一種應付人生的方法。

無論何時，當一個民族在發展的過程中，生產豐富之智慧足以表露其理想時，則開放其幽默之鮮葩，因為幽默沒有旁的內容，只是智慧之刀的一晃。

歷史上任何時期，當人類智力能領悟自身之空虛、渺小、愚拙、矛盾時，就有一個大幽默家出世，像中國之莊子、波斯之歐瑪爾．海亞姆（Omar Khayyam）、希臘的亞里斯多德。雅典民族若沒有亞里斯多德，精神上不知要貧乏多少，中國若沒有莊子，智慧的遺產也不知將遜色多少。

自從有了莊子和他的著作，一切中國政治家和盜賊都變成了幽默家了，因為他們都直接、間接地接受了莊子人生觀的影響。

老子先於莊子已笑過清越而激變幻譎的狂笑。他一定終身是個獨身漢，否則他不能笑得這樣俏皮、這樣善於惡作劇。無論如何，他到底娶過親沒有、有無子嗣後裔，史籍上無從查考，而老子最後的謦欬之首卻被莊子抓住。莊子既屬較為少壯，喉嚨自然來得嘹喨，故其笑聲的環輪，歷代激動著回響。我們至今忍不住錯過笑的機會，但有時我感覺我們的玩笑開得太厲害，而笑得有些不合時宜了。

歐美人對於中國問題認識之不足，可謂深淵莫測；歐美人有時會問：「中國人可有幽默的意識否？」這樣的問句，適足以表示其無識，其語意之稀奇，恰好像阿拉伯商隊問人：「撒哈拉沙漠中有無砂土？」一個人之存在於國家中，看來何等渺小，真是不可思議。

從理論上觀察，中國人應該是幽默的，因為幽默產生於「寫實主義」，而中國人是非常的實體主義者。幽默生於常識，而中國人具有過分的常識。幽默，尤其亞洲式的幽默，是知足優閒的產物，而中國所有的知足和優閒，超乎尋常之量。一個幽默家常常為失敗論者，樂於追述自己之失敗與困難，而中國人常為神志清楚、性情冷靜之失敗論者，幽默對卑鄙、罪惡常取容忍的態度，他們把嘲笑代替了譴責。

中國人又有一種特性，專能容忍罪惡。容忍有好的一面，也有壞的一面，而中國人兩面都有。倘使我們在上面講過的中國人之特性——知足、容忍、常識，和老滑俏皮是真確的，那麼幽默一定存在於中國。

中國人幽默見之於行為上者比之文字為多，不過在文字上有種種不同形式的幽默，其中最普通的一種，叫做「滑稽」，即許多道學先生，也往往多用別號掩其真姓名，縱情於此等滑稽著作。照我看來，這實在是「想要有趣而已」。

幽默在文學中不能占什麼重要地位，至少幽默在文學中所擔任的角色及其價值，未被公開承認過，幽默材料之包容於小說者至為豐富，但小說從未被正統學派視為文學之一部。

《論語》、《韓非子》，和《詩經》裏頭，倒有天字第一號的幽默。可是道學先生裝了滿肚的清正人生觀，到底未能在孔門著作中體會什麼詼諧的趣味，即似《詩經》中的美妙生動的小情詩也未領悟；竟替它下了一大篇荒唐古怪的注解，一如西方神學家之解釋《聖詩集》。陶淵明的作品中也含有一種美妙的幽默，那是一種閒暇的知足、風趣的逸致，和豐富的捨己為人的熱情。最好的例子，可見之於他的〈責子詩〉：

白髮被兩鬢，肌膚不復實。
雖有五男兒，總不好紙筆。
阿舒已二八，懶惰故無匹。
阿宣行志學，而不愛文術。
雍端年十三，不識六與七。
通子垂九齡，但念梨與栗。
天運茍如此，且進杯中物。

杜甫和李白的詩也孕涵著相當的幽默，杜甫作品常令人慘然苦笑。李白以其浪漫恬淡的情緒令人愉悅，但我們不以幽默稱之。一種卑劣的威風，道學先生所挾持以為國教者，限制了思想情緒的自由發展，而使小說中自由表現的觀點和情緒成為禁物，可是幽默只能在小說和天真觀點的領域上生存。

事實於是很明顯，像這樣的因襲環境，不會增進幽默文學之產生的。假使有誰要蒐集一個中國幽默文字的集子，他務必從民間歌謠、元劇、明代小說選撥出來，這些都是正統文學柵垣以外之產物，其他如私家筆記、文人書翰（宋明兩代尤富）。態度的拘謹稍微解放，則亦含有幽默之材。

但中國人人都有他自己的幽默，因為他們常常歡喜說說笑話，那種幽默是剛性的幽默；基於人生的詼諧的觀感。儘管報章的社論和政治論文格律極端謹嚴，不大理會幽默。可是中國人的重要革新運動，和建設方案所採取的輕妙方法，常出乎外國人意想之外，未免幽默過度，像政府的平均地權計畫、水旱災救濟、新生活運動、禁煙委員會。

有一位美國教授新近來遊上海，歷在各大學演講，不意聽講的學生，每逢聽到他誠懇引證到新生活運動時，輒復哄堂大笑；假使他再鄭重地引證禁煙委員會，不知要引起怎樣更響亮的笑聲哩！

幽默是什麼？我已經說過，是一種人生觀的觀點，是一種應付人生的方法。人生是一齣大喜劇，而我們人類僅僅是其中的傀儡，一個人把人生看得太認真、遵守圖書館章程太老實、服從「草地勿准踐踏」的標牌太謹飾，常讓自己上了當，而給年長的同伴笑話。不過笑話是有傳染性的，不久他也就變成幽默者了。

此種「幽默者」的滑稽性質，結果，削弱了中國人辦事的嚴肅態度，上自最重大的政治改革運動，下至微末的葬狗典禮。中國人的喪葬儀式，其滑稽性足以雄視全球。

中國人中上階級所用的送葬儀仗就滿儲滑稽資料。你可以看見其中有街頭流浪頑童排成行列，體膚污穢，而穿著繡花的彩袍，錯雜伴隨以新式樂隊，大奏其「Onward Christian Soldiers」，如此之情形，經常被歐美人引為口實，證明中國人的缺乏幽默。

其實中國人的送葬儀仗正是中國幽默的十足標記，因為只有歐洲人才把送葬儀仗看得太鄭重，太想使它莊嚴化。「莊嚴」的葬儀是中國人所難以想像的。歐洲人的錯誤是這個樣兒；他們把自己先入為主的意識，演繹得斷定葬儀應該是莊嚴的。

葬儀宛如嫁娶，應該熱鬧、應該闊綽，可是，怎樣也沒有理由說它必須莊嚴。莊嚴其實只配備於其誇張的服裝裏，其餘的都是形式，而形式是趣劇。直到如今，著者猶不能辨別送葬和婚娶的儀仗二者之間有何區分，除非最後看見了棺材或者是花轎。

中國的幽默，觀乎高度滑稽的送葬儀仗的表現，是存在於外表的形式，與現實的內容無關。一個人若能賞識中國葬儀的幽默，大概已能讀讀或好好的翻譯中國政治方案了。政治方案和政府宣言是存乎形式的，它們大概是由專門的職員來起草。專司起草的職員是鴻麗辭藻、堂皇語法的專業者，恰如專備婚喪儀仗、燈彩行頭以出租之業者，故有見識之中國人士便不當它一回事。

若外國新聞記者先把送葬彩服的印象放在心上，則他大概不致再誤解中國的一切方案宣言，而慢慢的放棄把中國當作不可理解的特異民族的念頭了。

諸如此類之喜劇味的人生觀，和分辨形式與內容的公式，可以用千千萬萬不同的方法來表明。數年前，國民政府根據中央黨部之建議，有一條命令禁止政府各部會在上海租界區內設立辦事處，若真欲實行這條命令，於各部長殊感不便，他們在上海置有公館，又得敲碎許多人的飯碗。

南京各部長既不公然反抗中央之命令，亦不呈請重行考慮，或老老實實申述其不便和不可實行之理由。沒有一位專業的師爺，其智力、技巧足以草擬此類呈文而適合於優良之形式。因為中國官吏以為居住租界區域的這種欲望，即是不愛國。

不意眉頭一皺，計上心來，想出一個巧妙別緻的方法，就把駐滬辦事處的招牌換了一塊，叫做「貿易管理局」，每塊招牌的花費只消二十大元，結果使得沒有人敲破飯碗，也沒有人失面子。這個玩意兒不但歡喜了各部長，抑且歡喜了頒發這條命令的南京中樞當局。

我們的南京各部長是大幽默家，梁山好漢之流亦然，軍閥亦然。中國內戰之幽默處，前面早已交代明白。

與此恰恰相對照，我們可以拿教會學校做例子，來指出西洋人之缺乏幽默。教會學校幾年前碰到了一大尷尬，原來那時接到地方當局的命令，要他們辦理登記立案手續，外加要取消《聖經》課程，還要在大禮堂中央懸掛中山遺像，每逢星期一則照例舉行紀念週。

中國當局殊不解教會學校，何以不能遵守這些簡單的條款，而教會學校方面亦殊想不出接受之道，於是乎雙方陷入僵局，有幾個教會團體曾有停辦學校之意。

某一個時機，什麼事情都可以順利解決了，只有一位頭腦固執的西籍校長真是頑梗而誠實，他拒絕從他的學校章程上取消任何一句字句：那章程明定以推行教義為主要目的者，西籍校長意下頗欲直率地公開表明宗教課程確為辦理學校之重要使命，故迄至今日，某一所教會學校一直未嘗登記。

這事情真不好辦。其實教會學校只要摹仿南京各部長的智慧，來遵守一切官廳訓令、懸掛一張中山遺像，其餘的一切，便可算作按照中國式而進行的了。不過恕我無禮，這樣辦理的學校，將為「天曉得學校」。

中國人的喜劇的人生觀，便是如此這般。中國日常語言裏頭，便充滿了把人生當作戲劇的譬喻。如官吏的就職、卸任，中國人稱之為「上台」、「下台」；而人有挾其誇張之計畫以來者，謂之「唱高調」。我們實實在在把人生看作戲劇。

而此等戲劇表現，配合我們之胃口者常為喜劇，此喜劇或為新憲法草案、或為民權法、或為禁煙局、或為編遣會議。我們常能愉悅而享受之，但我希望我國人民有一天總得稍微嚴肅一點才好。

幽默，駕乎各物之上，正在毀滅中華民族，中國所發的欣悅的狂笑，未免太過分了。因為這又是俏皮的大笑，只消跟它的氣息一觸，每朵熱情而有理想的花，無不宜遭枯萎而消逝了！

八、保守性

每一個中國人，即從其外表上看來，未有全然不帶保守之色彩者。保守就其字感覺者。

義本身而言，非為玷辱之辭。「保守」不過為一種自大的形象，基於現狀之滿足的

因為人類之足以引為自傲者總足極為稀少，而這個世界上所能予人生以滿足者亦屬罕有。保守性是以實為一種內在的豐富之表徵，是一種值得羨妒的恩賜物。

中華民族是天生的堂堂大族，恕我誇大，若把中華民族的歷史做一番全盤的檢討，除掉最近百年來的屈辱，你當首肯此言。雖在政治上他們有時不免於屈辱，但是文化上，他們是廣大的人類文明的中心，實為不辨自明之事實。

唯一之文化勁敵（代表另一種不同的觀點者）是印度的佛教，至於佛教教義，忠實的儒者常嗤之以鼻。因為儒學家常無限地引孔子以自傲，誇耀於孔子；誇耀於其民族、誇耀中國人之能以道德的素質理解人生、誇耀其認識人類天性的知識、誇耀其解決了與政治關係之人生問題。

他的態度是相當正確的。因為孔教不獨尋求人生的意義，抑且解答了這個問題。使人民以獲得人類生存的真意義而感到滿足。這個解答是正確而清楚的。而且條理分明。故人民不須再推究未來的人生，亦無意更改現存的這個人生，當一個人覺察他所獲得的是有效而且為真理，便變成保守者了。

孔教徒除了自己的社會以外，未見及別種人生的典型，認為為人之道，沒有第二種典型的可能。故西方人也能有組織完善的社會生活，倫敦警察對於孔氏敬老之道一無所知，而竟能扶持老婦人跨過熱鬧街道，此等事實叫中國人聽來，多少未免吃驚。

當他察覺西方人具有一切孔教所涵蘊之德行，即智、仁、勇、信、禮、義、廉、恥，並且孔老夫子本人亦將讚許倫敦警察之義行，民族自尊心未免深深地動搖起來了。

有許多事情使中國人老大不悅意、使他們震驚、使他們生魯莽粗野之感。如夫妻倆挽著膀子同行街市、父親和女兒互抱接吻、銀幕上又是接吻、舞台上又是接吻、車站月台上又是接吻，什麼地方都是接吻。此等舉動使他確信中國文明誠為萬邦軒冕、無與倫比。

但是另外有種種事情。像普通平民都能識字、婦女能寫信、普遍的愛尚清潔（這一點他認為是中世紀的遺傳，而非為十九世紀發明）、學生的敬愛師長。英國小孩對答長輩之「是了，先生」的隨口而出。諸如此類，俱堪無窮之玩味。再加以優良之公路、鐵道、汽船、精美的皮靴、巴黎香水、雪白可愛的兒童，奇妙的X光、攝影機、照相，和其他一切之一切，把中國人固有之自尊心打成粉碎。

受著治外法權的庇護，西歐人慷慨博施的皮靴之對中國苦力而沒有法律之救濟，使中國人自尊心之喪失更進而變為本能的畏外心理。天朝之尊貴，靡有孑遺。外國商人為預防中國之可能進攻租界而所取的種種騷動的措施，實為他們的膽略和對於現代中國認識不足之鐵證。

反抗西洋人之皮靴及其自由使用於中國苦力身上，確定會有相當內在的憤怒。但若外國人因此就認為中國人將總有一天會暴露其憤怒，而還回報外人以較次等之皮靴，則屬大誤。若他們真暴露其憤怒，那不是道地的中國人，那是基督教徒。坦白地說，崇拜歐洲人而畏懼他們的侵略行為，現在正是廣泛而普遍的心理。

有許多這樣太不幸的衝動，一定曾經引起了過激主義，結果產生了「中華民國」。沒有人相信中國會變成民主國家。這種變動太廣義、太雄偉，沒有人敢擔當這個責任，除非是呆子，否則是鼓吹出來的人物。那好像用彩虹一座通天橋，而欲步行其上。

但是一九一一年的中國革命家真給鼓吹出來了。自從一八九五年甲午戰爭失敗以後，革新中國的宣傳運動極為活躍。當時有兩派人物，一派是君主立憲主義者，主張維持君主而革新並限制其君權；一派則是民主革命主義者，主張建立民主共和國。前者為右翼，後者為左翼。左翼以孫中山先生為領袖，右翼則由康有為及其弟子梁啟超主持。梁啟超後來脫離了他的恩師而向左轉了。

這兩個固執的黨派在日本筆戰了好久，可是這問題終究給解決了。不是雙方辯論的結局，而是清廷之不可救藥，與民族自覺之本能抬頭之結果。一九一一年的政治革命之後，緊隨以一九一六年的文學革命，中國的文藝復興運動由胡適所倡導，風靡一時。

國家圖書館出版品預行編目資料

人生就像一首詩／林語堂著；--修訂二版. -- 臺北市：
新潮社，2013.09
面；　公分．--

ISBN 978-986-316-381-7（平裝）

1.言論集

078　　102014682

人生就像一首詩

林語堂／著

2013年9月／修訂二版
2020年10月／二版六刷

〈代理商〉
聯合發行股份有限公司
新北市新店區寶橋路235巷6弄6號2樓
電話 (02) 2917-8022＊傳真 (02) 2915-6275

〈企劃〉

〔出版者〕新潮社文化事業有限公司
電話 (02) 8666-5711＊傳真 (02) 8666-5833
〔E-mail〕editor@xcsbook.com.tw
〔印前〕東豪印刷事業有限公司

Printed in TAIWAN